Habilidades de Conversación

Secretos para Introvertidos para Analizar a las Personas, Afrontar Conversaciones con Confianza, y Superar la Ansiedad Social

© **Copyright 2019**

Todos los Derechos Reservados. Está prohibida la reproducción total o parcial de este libro sin la autorización por escrito del autor. Los críticos pueden citar pasajes breves en sus revisiones.

Aviso Legal: Está prohibida la reproducción total o parcial de este libro en cualquier forma y cualquier medio, mecánico o electrónico, incluyendo fotocopiado o grabaciones, o mediante cualquier otro dispositivo de almacenamiento y recuperación de información, o por correo electrónico sin la autorización por escrito del editor.

Si bien se han realizado todos los intentos para verificar la información proporcionada en esta publicación, el autor y el editor se deslindan de toda responsabilidad por errores, omisiones o interpretaciones contrarias del tema.

Este libro es sólo para fines de entretenimiento. Las opiniones expresadas pertenecen al autor y no deben tomarse como instrucciones u órdenes de expertos. El lector es responsable de sus propias acciones.

El cumplimiento de todas las leyes y regulaciones aplicables, incluidas las leyes internacionales, federales, estatales y locales que rigen las licencias profesionales, las prácticas comerciales, la publicidad y todos los demás aspectos de hacer negocios en los Estados Unidos, Canadá, el Reino Unido o cualquier otra jurisdicción, es responsabilidad exclusiva del comprador o lector.

El autor y el editor se deslindan de toda responsabilidad u obligación alguna en nombre del comprador o lector de este material. Cualquier percepción individual u organización es puramente involuntaria.

Tabla de Contenido

INTRODUCCIÓN 1

CAPÍTULO 1: INTROVERTIDOS VS. EXTROVERTIDOS 3

    AUTOEVALUACIÓN INTROVERSIÓN VS. EXTROVERSIÓN 6

    CASOS DE ESTUDIO 7

CAPÍTULO 2: ENTENDER A LAS PERSONAS 8

    INTROVERSIÓN VS. EXTROVERSIÓN 9

    DIFERENCIAS DE GÉNERO 10

    ESTADOS EMOCIONALES 11

    DIFERENCIAS CULTURALES 12

    TIPOS DE PERSONALIDAD..13

    CASOS DE ESTUDIO 14

CAPÍTULO 3: LA COMUNICACIÓN ES INDISPENSABLE 15

    LA COMUNICACIÓN ES IMPORTANTE 16

    BENEFICIOS DE MEJORAR SUS HABILIDADES DE COMUNICACIÓN.......................17

        Solo para Introvertidos 17

        Para Todos 17

    CASOS DE ESTUDIO 18

CAPÍTULO 4: ANSIEDAD SOCIAL 20
El Introvertido Tímido 20
El Introvertido Ansioso 20
La Manera más Fácil para Reducir la Ansiedad 21
Otras Opciones 21
Casos de Estudio 23

CAPÍTULO 5: FUNDAMENTOS DE LA COMUNICACIÓN 24
Rebanando el Pastel de la Comunicación 24
10/40/50 26
Habilidades para Escuchar 28
Escucha Activa 28
Interrogatorio 30
La Diferencia entre Preguntas Abiertas y Cerradas 31
¿Son Inadecuadas las Preguntas Cerradas? 31
Preguntas Abiertas 32
De Cerrada a Abierta - Ejercicio 34
Preguntas Principales 36
De Sugestiva a Abierta - Ejercicio 37
Casos de Estudio 39
La Guía de Supervivencia para Introvertidos sobre la Escucha Activa 40
La Guía de Supervivencia para Introvertidos sobre Hacer Preguntas 41

CAPÍTULO 6: COMUNICACIÓN NO VERBAL 42
Por Qué es Importante el Lenguaje Corporal 44
Lenguaje Corporal para Introvertidos 45
Postura de Cuerpo Abierta 46
Diferencias Culturales 50
Contacto Visual 50

Espacio Personal *51*

Gestos *51*

EL CONTEXTO ES TODO 53

La Reunión con Marty *54*

Fred se Reúne con Norman *54*

La Reunión del Lunes *54*

La Reunión del Equipo RRR Rodeo *54*

El Discurso del Presidente *55*

El Negocio Familiar *55*

La Reunión con Marty – La perspectiva de Angelina *56*

Fred se Reúne con Norman – La perspectiva de Fred *56*

La Reunión del Lunes – La perspectiva de Melinda *56*

La Reunión del Equipo RRR Rodeo– La perspectiva de Ruth *57*

El Discurso del Presidente – La perspectiva de Nancy *57*

El Negocio Familiar – La perspectiva de Jack *58*

MENSAJE INCONGRUENTE 58

Seguridad Personal y Situaciones de Tensión *59*

ESOS MALDITOS SMARTPHONES 60

CASOS DE ESTUDIO 63

LA GUÍA DE SUPERVIVENCIA PARA INTROVERTIDOS SOBRE LA COMUNICACIÓN NO VERBAL 63

LA GUÍA DE SUPERVIVENCIA PARA INTROVERTIDOS SOBRE LOS SMARTPHONES 64

CAPÍTULO 7: ADAPTACIÓN AL MODELO **66**

TIPOS DE MODELO DE PERSONALIDAD 70

ADAPTACIÓN AL TIPO 71

Elección del Tema *73*

Elección de Palabras *73*

Variación del Tono *74*

Lenguaje Corporal Espejo 74
Coincidencia de Humor 74
Casos de Estudio 80
La Guía de Supervivencia para Introvertidos sobre Adaptación al Modelo 80

CAPÍTULO 8: CONOCIENDO DESCONOCIDOS 82
Ser Accesible 82
Iniciativas de Conversación 83
Consejos de Conversación 83
Conversando en Grupos 84
Finalizando una Conversación 84
50 Iniciativas de Conversación 85
Casos de Estudio 87
La Guía de Supervivencia para Introvertidos sobre Conocer Desconocidos 88

CAPÍTULO 9: HACER QUE LA GENTE HABLE 90
Hacer que los Demás Hablen 92
Iniciativas Mágicas de Conversación 93
Bonus: 100 Iniciativas de Conversación Adicionales 93
Casos de Estudio 99
La Guía de Supervivencia para Introvertidos para Hacer que la Gente Hable 99

CAPÍTULO 10: INCREMENTANDO SU SIMPATÍA 101
El Mito del Carisma 101
Ser Simpático 102
Casos de Estudio 103
La Guía de Supervivencia para Introvertidos sobre la Simpatía 103

CAPÍTULO 11: ENCONTRAR SU VOZ 105
Tono de Voz 105
Metafóricamente hablando 107

Narración 108

Casos de Estudio 109

CAPÍTULO 12: INTERACCIÓN 101 110

Solitario, Socializador, y Experto 111

Solitario *111*

Socializador *111*

Experto *111*

Autoevaluación de Habilidades de Interacción 112

Red de Contacto para Introvertidos 114

Dominando las Conversaciones Cortas 114

La Transformación de Solitario a Socializador 115

Estrategia de Interacción de 3 Pasos 117

1. Tener un objetivo *117*

2. Decidirse *117*

3. Actuar con intención *117*

Casos de Estudio 118

La Guía de Supervivencia para Introvertidos sobre Conversaciones Cortas 119

La Guía para Introvertidos sobre 7 Diferentes Tipos de Oportunidades de Interacción 119

La Guía de Interacción para Introvertidos en Eventos de Redes de Contacto...120

La Guía de Interacción para Introvertidos en Presentaciones tipo Conferencia..121

La Guía de Interacción para Introvertidos en Talleres y Cursos 122

La Guía de Interacción para Introvertidos en Almuerzos 123

La Guía de Interacción para Introvertidos en Cenas 124

La Guía de Interacción para Introvertidos en Conferencias.............125

La Guía de Interacción para Introvertidos en Ferias Comerciales ..127

CAPÍTULO 13: SITUACIONES ESPECIALES...........................129

    Casos de Estudio 129

    La Guía para Introvertidos sobre 5 Situaciones Especiales 130

    La Guía de Supervivencia para Introvertidos sobre Entrevistas 130

    La Guía de Supervivencia para Introvertidos sobre Reuniones de Negocios 131

    La Guía de Supervivencia para Introvertidos sobre Comunicaciones de Oficina 132

    La Guía para Introvertidos sobre Fiestas Corporativas 133

    La Guía de Supervivencia para Introvertidos sobre Voluntariados 134

CAPÍTULO 14: EMERGENCIAS 135

    Manejo de Emergencias – Las 5 R's 137

        Retirarse 137

        Recabar 137

        Reflexionar 138

        Renovarse 138

        Recuperarse 138

    Casos de Estudio 140

    La Guía de Supervivencia para Introvertidos sobre Triunfar Durante Emergencias Sociales 141

CAPÍTULO 15: COMUNICACIÓN ESCRITA 143

    Escribir para Contribuir 144

    Casos de Estudio 144

    La Guía de Supervivencia para Introvertidos sobre el Correo Electrónico 145

CAPÍTULO 16: CUIDADO PERSONAL PARA INTROVERTIDOS 146

    Cuidado Personal – 4 Indispensables 146

    Otras Posibilidades 147

    Casos de Estudio 148

    La Guía de Supervivencia para Introvertidos sobre Cuidado Personal 149

CONCLUSIÓN 150

Introducción

Los siguientes capítulos analizarán por qué la comunicación es importante, los fundamentos de la conversación, la interacción con las personas y la supervivencia social.

Permítanos presentarle a cuatro personas que serán sus casos de estudio a lo largo de este libro: Rebecca, Larry, Chris y Kelly.

- Rebecca es una persona introvertida a quien le resulta complicado contribuir en las discusiones en el trabajo. El objetivo de Rebecca es compartir sus ideas con su equipo – ¡y ser escuchada!
- Larry es introvertido, pero se ha adaptado adecuadamente al mundo extrovertido en su trabajo. El objetivo de Larry es mejorar sus habilidades de interacción a través de mejores estrategias de comunicación.
- Chris es introvertida, tiende a sentirse ansiosa y, lamentablemente, es demasiado tímida. La meta de Chris es sentirse menos estresada en el trabajo.
- Kelly no es introvertido, pero desea mejorar sus habilidades de conversación. El objetivo de Kelly es entender qué es lo que motiva a sus amigos introvertidos.

A medida que avance en este libro, aprenderá más sobre los desafíos únicos de cada caso y, en última instancia, cómo lograron sus objetivos aplicando los principios de este libro.

Le sugerimos que lea con una libreta a la mano, para que pueda completar la autoevaluación, tomar nota de los aprendizajes clave y anotar sus ideas.

Existe una oferta interminable de libros sobre habilidades de comunicación, ¡así que gracias nuevamente por elegir este libro!

Deseamos que encuentre esta información tan práctica como se pretende y que encuentre habilidades útiles junto con algunas joyas inspiradoras que le ayuden a avanzar hacia sus propios objetivos.

¡Esperamos que lo disfrute!

Capítulo 1: Introvertidos vs. Extrovertidos

"Los extrovertidos organizan sus pensamientos hablando y obtienen más energía buscando estímulos externos. Por otro lado, los introvertidos almacenan información, reflexionan y después hablan. Se sienten más descansados y rejuvenecidos después de pasar tiempo a solas, pensando o leyendo".

Marti Olsen Lany

Escuchamos sobre cómo los extrovertidos dominan el mundo, pero ¿es eso realmente cierto?

La verdad es que existen muchos supuestos sobre los introvertidos y lo que los motiva. Y puede que le sorprenda saber quién es una persona introvertida.

Ejercicio: Reflexione sobre personas famosas que considera que pueden ser introvertidas. A continuación, busque en Google a introvertidos famosos para ver quién aparece. ¿Tenía razón? ¿Está sorprendido por algún nombre en la lista?

Es un supuesto común que a los introvertidos les falta confianza y no soportan hablar en público. Si bien algunos pueden ajustarse a este perfil, esta es una generalización amplia que está alejada de la realidad. Por el contrario, algunos piensan que las personas que tienen confianza al hablar en público deben ser extrovertidas. Esto no es necesariamente cierto.

Observe el siguiente listado de las características de los introvertidos y extrovertidos.

Características de los introvertidos:
- Restauran su energía pasando tiempo a solas
- Prefieren reuniones reducidas
- Les agotan las reuniones concurridas
- Les abruman los espacios ruidosos con múltiples discusiones
- Son pensadores interiores
- Necesitan tiempo para reflexionar y generar ideas para hacer mejor su trabajo
- Presentan resistencia al cambio

Características de los extrovertidos:
- Restauran su energía estando cerca de otras personas
- Disfrutan las reuniones concurridas
- Les aburren las reuniones reducidas
- Les atrae conocer a otros, especialmente en eventos concurridos
- Son los únicos que dirán, "¡Cuantos más, mejor!"
- Piensan en voz alta
- Proponen ideas al instante, en el momento
- Disfrutan los cambios

Como puede ver, una diferencia clave entre los introvertidos y los extrovertidos es la manera en que restauran su energía.

Ejercicio: La próxima vez que asista a una conferencia u otro evento importante, observe qué sucede cuando finalizan las sesiones formales. Observe en el bar y ahí encontrará a los extrovertidos, restaurando su energía hablando con otras personas. Los introvertidos, en su mayoría, estarán en sus habitaciones, o saldrán a caminar, restaurando su energía al pasar tiempo a solas.

Considere los siguientes mitos comunes acerca de los introvertidos:

- Los introvertidos son tímidos: Es una suposición pensar que alguien que no está hablando es tímido cuando, de hecho, puede estar pensando profundamente, reflexionando sobre el tema en cuestión.
- Los introvertidos no tienen nada que aportar: El hecho de que alguien no participe de inmediato en una conversación no significa que no tenga nada que decir. Quizás estén inclinados a esperar hasta que se les pregunte, o prefieren hacer una pausa antes de hablar (lo que puede no suceder) o necesitan tiempo para reflexionar.
- Los introvertidos tienen ansiedad social: Tal vez sí o tal vez no. Si bien no es común que un introvertido no experimente ansiedad social, no todos lo hacen, y el grado ciertamente varía de acuerdo a la persona y situación.

Usted puede preguntarse, ¿es la introversión algo negativo? No, absolutamente no. Es solo una de las formas en que las personas somos diferentes. Veremos otras formas en que las personas difieren en el siguiente capítulo. Simplemente estamos analizando primero la introversión, ya que este libro está escrito para beneficiar a los introvertidos al ofrecer estrategias de conversación específicas para sus necesidades únicas.

A medida que terminamos este capítulo, enlistamos algunas consideraciones útiles para tomar en cuenta:

- Si bien la sociedad aparenta otorgar un gran valor a los extrovertidos, tome en cuenta que los introvertidos contribuyen de igual manera al mundo, si no es que más.

- Ni la introversión ni la extroversión son intrínsecamente correctas o incorrectas, son solo dos formas diferentes de existir.
- Aprenda a valorar lo que le motiva como introvertido y aproveche el tiempo para hacer lo necesario para cuidar de sí mismo. Si esto significa que necesita media hora de silencio para recuperar su energía mientras sus compañeros de trabajo extrovertidos están en el bar, está bien.
- Confíe en su instinto.
- Enfóquese en sus fortalezas y tome ventaja de ellas.

¿Qué opina? ¿Es usted un introvertido?

Autoevaluación Introversión vs. Extroversión

Tome unos minutos para reflexionar acerca si usted es introvertido o extrovertido.

1. Lo que restaura su energía:
    a) estar con otras personas
    b) pasar tiempo a solas
2. Lo que prefiere:
    a) una gran fiesta
    b) una cena tranquila con un amigo
3. Cómo prefiere pensar:
    a) en voz alta
    b) internamente
4. Cómo resuelve sus problemas:
    a) verbalmente (compartiendo posibilidades con los demás)
    b) internamente (reflexionando sobre las posibilidades a medida que las perfecciona)
5. Las mejores ideas:
    a) surgen de inmediato
    b) surgen después de tener tiempo para reflexionar
6. Si está en una reunión con múltiples conversaciones al mismo tiempo, se siente:
    a) energizado por el ruido

b) abrumado por el ruido
7. Si asiste a una conferencia, tiende a:
   a) relacionarse y conocer a mucha gente
   b) mantenerse a solas
8. ¿Qué describe mejor su habilidad para concentrarse? Es usted:
   a) fácilmente distraído
   b) capaz de concentrarse durante largos periodos de tiempo
9. Comparte información personal sobre sí mismo con:
   a) casi cualquier persona
   b) solo con amigos y familiares cercanos
10. Lo que mejor describe cómo se siente respecto al cambio. Usted:
    a) lo disfruta
    b) se resiste a ello

Si contestó la primera opción (a) más que la segunda opción (b), probablemente sea extrovertido. Todo bien. Si bien este libro no está escrito específicamente para usted, es probable que encuentre muchas ideas en él.

Si contestó la segunda opción (b) más que la primera opción (a), probablemente sea introvertido. Excelente, ¡este libro está escrito para usted!

Casos de Estudio

- Rebecca nunca se consideró introvertida, pero eso cambió después de saber que los introvertidos necesitan tiempo a solas para restaurar su energía. ¡Justo como ella!
- Larry siempre se ha considerado extrovertido, pero supone que es introvertido porque disfruta pasar mucho tiempo a solas y es muy analítico.
- Chris reconoce que definitivamente es introvertida. ¡No hay por qué ocultarlo!
- Kelly reconoce que es extrovertido y está de acuerdo con ello.

Capítulo 2: Entender a las Personas

"Lo más importante en la comunicación es escuchar lo que no se dice".

-Peter F. Drucker

Ya hemos revisado la introversión versus la extroversión.

Ahora exploraremos otras formas en que las personas difieren.

Cuando conozca las diversas maneras en que las personas difieren, estará mejor preparado para comprender qué es lo que motiva, lo que le permite adaptar su enfoque para tener una mejor comunicación.

Diferencias entre Géneros - Ejercicio

¿Con qué género asociaría lo siguiente?

Hombres/mujeres:

- Usa la comunicación para crear relaciones
- Usa la comunicación para lograr resultados tangibles
- Su objetivo es generar comprensión
- Desea sentirse necesitado, apreciado y admirado
- Posee un deseo subyacente de establecer dominio

- Considera el propósito de la conversación como un medio para compartir ideas y sentimientos
- Considera las conversaciones como una oportunidad para ofrecer consejos
- Tienden a ser más expresivos
- Valoran las diferencias
- Es menos probable que interrumpan
- Tienden a ser más racionales
- Tratan de evitar el fracaso
- Buscan impresionar a los oyentes
- Buscan ofrecer soluciones simplemente para evitar futuras discusiones
- En situaciones de conflicto, buscan empatía y comprensión
- Lidian con el estrés apartándose

¿Las respuestas fueron obvias para usted? ¿O no?

Mantenga sus pensamientos sobre esto en mente, ya que hablaremos de las diferencias de género en breve.

Introversión vs. Extroversión

A continuación, presentamos un resumen de las diferencias clave entre introvertidos y extrovertidos que se enlistaron en el capítulo 1.

Introvertidos:

- Restauran sus energías pasando tiempo a solas.
- Prefieren reuniones reducidas a las concurridas.
- Son pensadores internos y necesitan tiempo para reflexionar.

Extrovertidos:

- Restauran su energía al rodearse de otras personas.
- Disfrutan la estimulación de las reuniones concurridas.
- Piensan en voz alta y les surgen nuevas ideas en el momento.

La sensibilización de saber si está tratando con un introvertido o un extrovertido le permitirá adaptar su enfoque. Por ejemplo, no le sorprenderá si un extrovertido quiere compartir sus ideas de inmediato, mientras que debe brindar un momento para reflexionar a un introvertido antes de responder.

Diferencias de Género

Las mujeres y los hombres difieren de muchas maneras, incluidas las diferencias en necesidades, metas y valores.

Las siguientes son generalizaciones sobre cómo se comunica cada género.

Es posible que las diferencias de género le resulten obvias o que se resista a la categorización entre los géneros. Esto es natural. Pocas personas son enteramente de un modo u otro. Considere la creciente aceptación de las variaciones a lo largo de la escala de género.

En cualquier caso, una conciencia de las tendencias que son innatas y desarrolladas como resultado de las normas sociales puede ayudarle en su comunicación con los demás.

En general, las mujeres:
- Aspiran a generar comprensión y evitar el aislamiento.
- Orientación a las relaciones.
- Son sinérgicas (objetivos comunes).
- Prefieren la igualdad y simetría.
- Valoran la cooperación, similitudes, la cercanía y el proceso de comunicación.
- Desean sentirse amadas y respetadas.
- Buscan la comprensión.
- Usan la comunicación para crear conexiones y establecer relaciones.
- Consideran el propósito de la conversación para crear intimidad y como un medio para compartir ideas y sentimientos.

- Tienden a ser más expresivas, comunicadoras, educadas, tentativas, emocionales y sociales que los hombres.
- Es menos probable que interrumpan y prometan que los hombres.
- Lidian con el estrés hablando sobre su origen.
- En situaciones de conflicto, buscan empatía y comprensión.

En general, los hombres:

- Aspiran a establecer dominio, impresionar a los demás, ser vistos como líderes y evitar el fracaso.
- Orientación a objetivos y resultados.
- Son contenciosos (objetivos conflictivos).
- Prefieren la desigualdad y la asimetría.
- Valoran la independencia y las diferencias.
- Desean sentirse necesitados, apreciados y admirados.
- Buscan el control.
- Usan la comunicación para ejercer dominio y lograr resultados tangibles.
- Consideran el propósito de la conversación como un medio para transmitir información y ofrecer consejos.
- Tienden a ser más racionales, impasibles, asertivos y necesitados de poder que las mujeres.
- Es más probable que interrumpan o prometan que las mujeres.
- Es más probable que ofrezcan soluciones simplemente para evitar discusiones que las mujeres.
- Lidian con el estrés alejándose.
- En situaciones de conflicto, brindan soluciones para su pronta resolución.

Estados Emocionales

Nuestro estado emocional impacta la manera en que nos comunicamos en el momento.

Piense en sí mismo por un instante: si en general es accesible en su comunicación, ¿podría responder de manera diferente cuando se encuentra bajo mucho estrés?

A continuación, hagamos una lista de algunos estados emocionales para su consideración:

- Las personas piensan y responden de manera diferente cuando están estresados. Cuanto mayor sea el estrés, menor es la capacidad de atención. La paciencia y la tolerancia hacia los demás disminuyen.
- Una persona enferma o con falta de sueño no estará en su mejor momento.
- Una persona que está enojada no puede pensar racionalmente. Cuando estamos enojados, nuestros instintos de lucha o escape se activan. En este estado, la sangre se precipita a nuestras extremidades, lejos de nuestro cerebro, dejándonos mentalmente vacíos. Esperar que alguien tome buenas decisiones o se comunique de manera correcta cuando está enojado es imprudente.
- La aflicción puede causar que alguien pierda su conexión a tierra, afectando su capacidad para pensar con claridad, planificar, trabajar de manera productiva y comunicarse con los demás. Las personas se afligen de manera distinta durante un tiempo prolongado, así que debe tomarlo en cuenta para las pérdidas personales.
- Otros estados emocionales a considerar incluyen tristeza, trauma o incluso alegría extrema.

Lo anterior puede afectar la capacidad para comunicarse e interactuar con los demás.

Diferencias Culturales

Las personas de diferentes orígenes culturales tienen muchas diferencias entre sí, desde creencias, educación, normas culturales, experiencias de vida y habilidades de comunicación.

El capítulo 6 que trata sobre la comunicación no verbal, explicará las diferencias culturales que se expresan de manera no verbal.

Tipos de Personalidad

No todos somos iguales. Además de las diferencias ya mencionadas, lo reconocemos instintivamente.

Dos personas educadas iguales, en circunstancias similares, pueden diferir en su manera de pensar y actuar. Una persona puede recostarse, mientras que otra nunca se queda quieta. Una persona es casual en cuanto a los plazos límite, mientras que otra es impulsada por los plazos. Una persona disfruta la vida, feliz con sus circunstancias, mientras que otra persigue sus metas con dedicación. Ninguno es correcto, y ninguno es incorrecto; son solo diferencias de personalidad. Dicho esto, para ser efectivo, necesita adaptar su enfoque con cada tipo de personalidad para transmitir su mensaje.

El capítulo 7: adaptación al modelo, le brindará estrategias de comunicación para los diferentes tipos de personalidad.

A medida que concluimos este capítulo, ofrecemos algunas estrategias útiles para tener en cuenta:

- Considere la realidad que las diferencias de género pueden generar.
- Tome en cuenta el hecho de que desconocemos lo que sucede con los demás en el momento.
- Identifique los estados altamente emocionales y manténgase alejado o considere espacio suficiente para malentendidos y consideración.
- No intente racionalizar con una persona enojada.
- Sea consciente de las posibles diferencias culturales (más sobre esto en el capítulo 6: comunicación no verbal).
- Es importante adaptar su enfoque a diferentes tipos de personas (más sobre esto en el capítulo 7: adaptación al modelo).

¿Qué opina? ¿Posee un buen sentido de cómo difieren las personas? ¿O esas diferencias son un misterio para usted?

Casos de Estudio

• A Rebecca le resulta complicado comunicar sus ideas al instante con otras personas que son pensadores concisos y rápidos. Ella necesita tiempo para reflexionar.

• Kelly desconoce cómo responder a las personas en estados emocionales intensos (molestos, enojados) en su lugar de trabajo.

• Chris se siente presionada por su jefe, quien está muy orientado a las tareas. La situación generó que Chris se sintiera nerviosa.

• Kelly tiene curiosidad acerca de cómo las diferencias de género afectan las conversaciones.

Capítulo 3: La Comunicación es Indispensable

Considere la siguiente historia: Peggy estuvo en una conferencia internacional y consiguió un tiempo para caminar por la recepción, ya que quería conocer a algunas personas nuevas. La sala estaba bastante concurrida, y la mayoría de la gente estaba charlando, así que decidió probar algo. Con una copa de vino en la mano derecha, examinó la mesa de bocadillos. Tan pronto como tomó unas rebanadas de queso envueltas en una servilleta en su mano izquierda, otro participante se acercó a la mesa y se presentó: "Oh, esta selección de queso se ve fantástica, ¿le importa si me uno a usted? Mi nombre es Mo'. Sin pensarlo, Peggy colocó el paquete de queso en su mano derecha, que ya estaba sosteniendo su copa de vino, se echó a reír y extendió la mano izquierda en respuesta. "Lo siento, mano equivocada, ¡pero todo el queso me emocionó también! Encantado de conocerte, Mo. Soy Peggy". Estaba un poco sorprendida por la mirada en la cara de su nuevo amigo y se preguntó por qué vacilaba antes de hablar de nuevo. Peggy desconocía que, en algunas partes del mundo, la mano izquierda solo se usa para funciones corporales, y nunca para comer o tocar a otros. Al presentar su mano izquierda, ella había hecho un gesto ofensivo.

Faux Pas - Ejercicio

Tome un momento para reflexionar sobre la historia de Peggy.

¿Cómo pudo Peggy haber evitado este paso en falso o un error social vergonzoso?

La comunicación es fundamental para nuestras vidas.

Ya sea verbal o no verbal, hablado o electrónico, claramente o a ciegas, no importa cómo lo haga, la comunicación es el centro de nuestras vidas y la manera en que interactuamos con el mundo.

La comunicación es un tema tan extenso que puede ser difícil reducirlo a solo unos pocos puntos para comenzar una exploración, así que hagamos una pausa para entender por qué la comunicación es indispensable.

La Comunicación es Importante

La comunicación realmente importa.

Estas son algunas de las maneras en que la comunicación influye en la vida cotidiana.

La comunicación nos ayuda a:
- Expresar ideas de manera general
- Proporcionar y recibir comentarios
- Sentirse escuchado
- Interactuar con los demás
- Contribuir a la comunidad

Faux Pas - Posibilidades

Volvamos a la historia de Peggy.

Si Peggy tuviese conciencia de las diferencias culturales en la comunicación no verbal, podría haber sido capaz de evitar su error.

Por supuesto, no se puede esperar que conozca todas las diferencias culturales en el mundo, al menos en su trabajo diario, sin embargo, Peggy asistía a una conferencia internacional. Si Peggy hubiera aprendido sobre las diferencias culturales y se hubiera informado sobre las diferencias en lo que significan las señales no verbales, podría haber evitado este vergonzoso momento para ella y para la persona que conoció.

Este es un gran ejemplo de cómo mejorar sus habilidades de comunicación pueden beneficiarle.

Beneficios de Mejorar sus Habilidades de Comunicación

Solo para Introvertidos

Si bien todos pueden beneficiarse al mejorar sus habilidades de comunicación, existen algunas formas muy específicas en que esto puede ayudarle como introvertido:

- Como introvertido, es adepto a descifrar un sitio y captar las señales no verbales. Con un poco de conocimiento, usted puede llegar a ser una fuente de poder.
- Del mismo modo, los introvertidos son naturalmente excelentes oyentes. Cuando intencionalmente aplique el aprendizaje de habilidades de escucha activa, llevará sus habilidades innatas a un nivel superior.
- La escritura es otra fortaleza común de los introvertidos. Si añade un poco de estructura, al aprender a perfeccionar sus habilidades y aplicarlas de manera regular, contribuirá mucho a quienes le rodean. Así mismo, usted se sentirá más pleno.

Para Todos

Existen muchos más beneficios que cualquiera puede obtener al mejorar sus habilidades de comunicación. A continuación, enlistamos solo unos pocos.

Mejorar sus habilidades de comunicación puede ayudarle a:

- Sentirse más seguro de sí mismo
- Obtener mejores resultados
- Tener mayor influencia
- Entender a los demás
- Colaborar con otros
- Alcanzar sus objetivos
- Sentirse competente
- Evitar momentos vergonzosos
- Reducir la ansiedad
- Incrementar la plenitud en su vida
- Profundizar en sus relaciones
- Volverse más compasivo
- Ayudar a otros
- Hacer la diferencia en su comunidad

A medida que concluimos este capítulo, le mostraremos algunas estrategias útiles para tomar en cuenta:

- Usted cuenta con diversas fortalezas – ¡celebre lo que hace mejor!
- Tendrá diferentes ideas sobre cómo mejorar sus habilidades de comunicación. Puede tomar notas, pero seleccione algunos para comenzar a trabajar. No se agobie a sí mismo.
- ¡Celebre sus victorias, grandes y pequeñas!

¿Qué opina? ¿Considera que sus habilidades de comunicación están afectando su trabajo, sus relaciones y su vida? ¿Puede considerar los beneficios de mejorar sus habilidades?

Casos de Estudio

- Rebecca se siente decepcionada de no ser capaz de compartir sus ideas o no ser escuchada cuando lo hace. Como ella quiere progresar en su carrera, está buscando soluciones.
- Larry sabe que está a punto de mejorar en su trabajo, pero es consciente de que no siempre logra comunicarse de

manera efectiva. Su objetivo este año es conversar con facilidad al momento de interactuar con los demás.

• Chris siente que tiene mucho que aportar, pero su entorno no le permite ser escuchada. Ella quiere encontrar una manera de compartir sus ideas y considera que las habilidades de conversación son un buen lugar para comenzar.

• Kelly considera que sería más eficaz y un buen amigo si comprendiera mejor a sus colegas y amigos introvertidos.

Capítulo 4: Ansiedad Social

"Las personas tímidas temen a los juicios negativos, mientras que los introvertidos simplemente prefieren menos estimulación; la timidez es inherentemente dolorosa, y la introversión no lo es. Pero en una sociedad que valora a los audaces y directos, ambos son percibidos como desventajas".

Susan Cain

El Introvertido Tímido

Como lo indica la cita inicial de este capítulo, ser tímido no es lo mismo que ser introvertido.

Puede que sea una persona tímida introvertida, pero puede que no sea tímido en absoluto. Usted puede salir adelante.

Ignore la etiqueta y sea usted mismo.

El Introvertido Ansioso

¿Los introvertidos tienen ansiedad social?

Tal vez sí o tal vez no.

Si bien no es común que un introvertido experimente ansiedad social, no todos lo hacen, y el grado ciertamente varía de acuerdo a la persona y la situación.

Existe una tendencia a que la ansiedad se acumule con el tiempo. Un introvertido que experimenta ansiedad social puede hacer que otros, o incluso ellos mismos, empiecen a pensar que es igual, pero no tiene por qué ser así.

La Manera más Fácil para Reducir la Ansiedad

Esto puede sorprenderle, pero es una buena noticia.

Como introvertido, puede encontrar que su mayor estrés es el resultado de tratar de vivir su vida de acuerdo con lo que les agrada a los extrovertidos.

Los lugares de trabajo, las reuniones y los entornos sociales pueden ser ruidosos, carecer de privacidad y no brindar tiempo para pensar. Las cosas que los introvertidos necesitan para sobrevivir y prosperar (por ejemplo, silencio, tiempo para reflexionar y tiempo a solas) a menudo faltan en estos entornos.

Si crea tranquilidad, privacidad y tiempo a solas cada día, es posible que se sienta menos ansioso.

Sí, puede ser tan simple como eso.

Si parece demasiado simple, inténtelo.

Si necesita más, está bien, pero es una base.

Esperar que usted, como introvertido, no experimente estrés en lugares ruidosos donde no tenga tiempo para pensar, y mucho menos para estar solo, no es razonable.

Otras Opciones

A continuación, mostramos algunas otras opciones que pueden ayudarle a reducir su ansiedad:

- Dormir lo suficiente

- Alimentarse adecuadamente y evitar demasiada cafeína
- Llegar temprano a los eventos
- Tener un plan de salida
- Darse permiso a sí mismo para retirarse
- Tomar un descanso
- Recuerde tomar un respir
- Enfocarse en el exterior de alguien más, y en el interior de sí mismo
- Encontrar a una persona con la que pueda hablar y hacerle una pregunta que le pueda permitir continuar hablando

Mariposas - Ejercicio

¿De qué manera puede hacer volar a las mariposas en formación?

Tome unos minutos para anotar las cosas que realiza actualmente para reducir su ansiedad.

Coloque grandes ★ estrellas ★ junto a las que marcan la mayor diferencia.

Dibuje algunas mariposas si lo desea.

Ahora añada a su lista las sugerencias de este capítulo que le gustaría intentar.

Dibuje algunas orugas si lo desea.

Estas son sus futuras mariposas, y puede enseñarles a volar en formación.

A medida que concluimos este capítulo, presentamos algunas sugerencias útiles que tener en cuenta:

- Permítase tomar un descanso o alejarse de cualquier situación que le cause ansiedad.
- Planear por adelantado preparándose para eventos y actividades puede ayudar a disminuir su ansiedad.

- Si continúa experimentando ansiedad social que no es controlable, considere la ayuda de un grupo de apoyo, un terapeuta o un mentor personal.
- El capítulo 14, llamado Emergencias, presenta consejos sobre qué hacer si tiene una emergencia, como sentirse abrumado o tener un ataque de pánico en un entorno social.
- El capítulo 16, titulado Cuidado Personal para Introvertidos, presenta consejos para cuidarse a sí mismo como introvertido, muchos de los cuales también le ayudarán si experimenta ansiedad social.
- Cuando se brinda a sí mismo lo que necesita como introvertido, su ansiedad puede disminuir naturalmente, ya que no estará en situaciones incómodas.

¿Qué opina? ¿Experimenta un alto nivel de ansiedad social? ¿Experimenta ansiedad en todas las situaciones o solo en algunas? ¿Es su ansiedad extrema o manejable? ¿Cómo le ayudaría en su vida reducir su ansiedad?

Casos de Estudio

- La ansiedad social de Rebecca es un factor importante que le impide contribuir a las discusiones en el trabajo. Está decidida a cambiar esta situación.
- La ansiedad social de Larry entra en juego principalmente en situaciones de negocios, donde permanece callado. Le gustaría ser más hábil para alcanzar objetivos de ventas más altos.
- Chris experimenta episodios ocasionales de extrema ansiedad en el trabajo, intercalados con una leve ansiedad. Le gustaría reducir su nivel de estrés sin tener que cambiar de trabajo.
- Kelly no experimenta ansiedad, en sí mismo, pero ocasionalmente siente que su confianza disminuye. Le gustaría entender qué sucede cuando esto ocurre y resolverlo.

Capítulo 5: Fundamentos de la Comunicación

"Los introvertidos son naturalmente adeptos cuando se trata de escuchar activamente. Tendemos a ser el amigo o colega al que puede llamar cuando está molesto o tiene buenas noticias para compartir. Somos capaces de escuchar y estar juntos en ello, sin darle la vuelta y haciéndolo sobre nosotros".

Beth Buelow

Todos sabemos que la comunicación es importante. ¿Por qué otra razón habría comprado este libro? En este capítulo, veremos los fundamentos de la comunicación – los aspectos centrales de la comunicación efectiva.

Empecemos por desglosar los elementos de la comunicación.

Rebanando el Pastel de la Comunicación

Aquí hay algo en lo que puede empezar a pensar.

Considere lo siguiente e intente completar los porcentajes:

¿Qué porcentaje de un mensaje es transmitido por?

- Las palabras dichas: ___%
- Tono de voz: ___%
- Lenguaje corporal: ___%

Anote sus mejores conjeturas y consérvelas a medida que avanzamos. Revelaremos la respuesta en breve.

Comencemos nuestra discusión sobre los fundamentos de la comunicación al 'escuchar' a unos pocos líderes empresariales en sus mundos cotidianos, hablando con sus empleados.

Los Líderes Comparten la Estrategia

¿Qué piensa acerca de lo que siente cada orador sobre el mensaje que están transmitiendo?

Gerry está hablando sobre la nueva dirección de la empresa. Su voz es optimista. Su postura corporal es relajada mientras habla a la audiencia.

Geraldine está haciendo una presentación sobre la nueva estrategia de negocios de la compañía. Su voz es tensa. Está sentada con los brazos cruzados mientras habla con el público.

Gerhard está compartiendo la nueva declaración de la misión de la compañía. Él está hablando claramente, pero con severidad. Está de espaldas al público mientras lee las diapositivas.

Gloria presenta la nueva línea de productos de la compañía. Ella está hablando con alegría y claridad. Se pone de pie y sostiene cada producto nuevo frente a ella mientras analiza sus características.

Grace está anunciando la nueva política de horas extras de la compañía. Su voz es un poco tranquila. Su cabeza está baja mientras lee los detalles en voz alta.

Con la pequeña cantidad de información proporcionada, ¿qué imagina usted que siente cada orador sobre el mensaje que está transmitiendo? ¿Se sentiría más confiado en su respuesta si pudiera escuchar la voz del orador? ¿Y si estuviera en el mismo recinto?

10/40/50

Aquí está el desglose de aproximadamente qué porcentaje de un mensaje se transmite por las palabras, el tono de voz y el lenguaje corporal.

Los mensajes son transmitidos por:

- Las palabras dichas: 10%
- Tono de voz: 40%
- Lenguaje corporal: 50%

Más específicamente:

- Alrededor del 10% de un mensaje es transmitido por las palabras. Si bien las palabras son extremadamente importantes, su significado puede distorsionarse si los demás elementos comunican un mensaje opuesto.
- Aproximadamente el 40% de un mensaje se transmite a través del tono de voz. Un tono fuerte, tranquilo, severo, alegre, ruidoso, rápido o lento afectará lo que el oyente escuche.
- Alrededor del 50% de un mensaje se transmite por lenguaje corporal. Si dicho lenguaje transmite franqueza (brazos sin cruzar, contacto visual, sonreír) hará que el oyente reciba un mensaje diferente al de las palabras dichas con lenguaje corporal cerrado (brazos cruzados, sin contacto visual, ceño fruncido).

Es posible que haya visto estudios con porcentajes ligeramente diferentes, quizás de estudios famosos en la década de 1960, pero los principios son esencialmente los mismos: las palabras son importantes, pero el tono de la voz y el lenguaje corporal pueden distorsionar el mensaje si no están alineados.

¿Está sorprendido por estos números?

Piense por un momento en una ocasión en que entró en una habitación en la que alguien más tarde comunicó un mensaje negativo. ¿Notó algo en el lenguaje corporal de la persona que le indicó que algo andaba mal?

Piense en un momento en que su jefe tuvo que darle noticias negativas, o le estaban despidiendo o hubo una preocupación de su desempeño. ¿Había señales en el lenguaje corporal de su jefe, en cómo él o ella estaba de pie o sentado? ¿Cómo era su expresión facial? Cuando empezaron a hablar, ¿le quedó claro que no sería una buena noticia? ¿Qué le hizo pensarlo, incluso si solo lo saludaban? Más que probable, su tono de voz predijo un poco de lo que vendría.

Las palabras, por supuesto, contaban la historia completa, pero en estas situaciones rara vez es una sorpresa que no sea una buena noticia cuando el orador llega al mensaje en sí.

Los porcentajes de 10/40/50 brindan estas lecciones cuando se comunica un mensaje a otros:

- Las palabras son importantes, pero cuentan menos de lo que usted podría pensar SI envía un mensaje distinto de manera no verbal.
- El lenguaje corporal es muy poderoso y puede dominar un mensaje.
- Si el lenguaje corporal lleva un mensaje contrario a las palabras que usa, entonces la intención de su mensaje puede ser cuestionada o incluso no ser escuchada.
- Es importante prestar atención al tono de voz.
- Es importante ser congruente, ya que, en sus palabras, el tono de voz y el lenguaje corporal deben transmitir el mismo mensaje.

Por otro lado, los porcentajes de 10/40/50 ofrecen pistas al interpretar mensajes de los demás:

- Si un mensaje le incomoda, trate de notar cuáles señales está captando: las palabras, el tono de voz o el lenguaje corporal del hablante.
- Tenga en cuenta que es posible que el orador no esté consciente de que está enviando mensajes opuestos.

- Recuerde que puede responder instintivamente al tono de voz y al lenguaje corporal, y no percatarse de ello.
- Si observa que el mensaje no es congruente, tiene la oportunidad de hacer preguntas o determinar cuál es el mensaje real.
- En la mayoría de los casos, no es necesario que actúe en el momento, pero debe reflexionar sobre lo que cree que significa el mensaje.

Profundizaremos en las habilidades de comunicación no verbal en el próximo capítulo.

En este capítulo, nos centraremos en habilidades de escucha y cuestionamiento.

Habilidades para Escuchar

Los mejores conversadores se esfuerzan de igual manera en la forma en que escuchan y en cuanto a lo que dicen.

Los mejores conversadores:

- Escuchan activamente al orador.
- Hacen contacto visual.
- Utilizan la comunicación no verbal para indicar comprensión (asintiendo).
- Hacen preguntas abiertas.
- Respetuosamente permiten que la otra persona termine.

Escucha Activa

Tal como se presentó anteriormente, como introvertido, naturalmente es un buen oyente. Cuando se involucre en el aprendizaje de habilidades de escucha activa, estará correctamente posicionado para llevar sus habilidades naturales a un nivel superior.

La escucha activa se refiere a prestar atención consciente al hablante.

Con la escucha activa:

- Presta toda su atención al orador.

- Se concentra en las palabras del orador.
- Presta atención a las señales no verbales.
- Evita distraerse.
- NO piensa en su respuesta.
- NO supone lo que la otra persona quiere decir.
- NO interrumpe.
- NO ofrece información opuesta.
- Si la persona menciona algo que usted considera que es incorrecto, o no lo comprende, ESPERA hasta que haya terminado de hablar.

Después, antes de responder, se asegura de que comprende todo lo que la persona ha dicho. Para lograrlo:

- Realiza preguntas aclaratorias.
- Resume la información para confirmar su entendimiento.

Si siente que le gustaría tomar notas, al principio de la conversación puede decir: "Espero que no le importe si tomo algunas notas. No quiero olvidar nada de lo que está diciendo". Luego tome notas breves, según sea necesario.

Los beneficios de la escucha activa son:

- Menor cantidad de malentendidos.
- El orador se siente escuchado.
- Es más probable que le escuchen.
- Se evitan conflictos.

Lo opuesto a la escucha activa es la escucha perezosa, en la que presta poca atención a lo que la otra persona dice, piensa en lo que dirá en respuesta, interrumpe, no presta atención a la comunicación no verbal o ignora el contexto general. ¡La escucha perezosa es ineficaz! Pregúntese: ¿Es usted un oyente perezoso?

Sus Últimas Vacaciones - Ejercicio

Pídale a una persona que le cuente sobre sus últimas vacaciones. Use las habilidades de escucha activa a medida que habla.

Mientras escucha:
- No se permita interrumpir.
- Realice preguntas solo cuando la otra persona haya dejado de hablar.
- SEA CURIOSO – continúe haciendo preguntas hasta tener el mensaje completo.
- No interrumpa para compartir sus experiencias.
- Continúe hasta que haya aprendido 5 cosas acerca de esa persona y/o de sus vacaciones.

¿Cómo fue su experiencia? ¿Se encontró pensando en el futuro o deseando interrumpir?

Interrogatorio

Analice las siguientes preguntas. ¿Qué observa?

"¿Es su primera vez aquí?"

"¿Le gustan las pasas?"

"¿Ha comido tartas de arroz antes?"

"¿Qué es eso afuera de la ventana?"

"¿Qué tipo de tarta prefiere?"

"¿Cuál es su tipo de pasta favorita?"

¿Necesita una pista?

¿Qué observa acerca de las primeras tres preguntas en comparación con las últimas tres preguntas?

Las primeras tres preguntas son las que se denominan "preguntas cerradas".

Las últimas tres preguntas son lo que se conoce como "preguntas abiertas".

Lo que las diferencia es el tipo de respuesta que obtendrán.

La Diferencia entre Preguntas Abiertas y Cerradas

Las preguntas cerradas incitan a las respuestas de una sola palabra, lo que tiende a "cerrar" la discusión.

Las preguntas abiertas, por otro lado, incitan al oyente a responder libremente, lo que naturalmente "abrirá" la discusión. Las preguntas abiertas abren la puerta al diálogo.

Para mejorar sus habilidades de conversación, necesita hacer más preguntas abiertas que preguntas cerradas.

EJERCICIO:

Identifique cuáles de las siguientes preguntas son cerradas y cuáles son abiertas:

"¿Le gusta la comida italiana?"

"¿Qué harán sus hijos durante el verano?"

"¿Son sus hijos niños o niñas, o ambos?"

"¿Ha estado en uno de estos eventos de redes de contacto antes?"

"¿Qué es lo que más le agrada de este tipo de evento?"

"¿Tiene algo que añadir a la discusión?"

"¿Qué tiene para añadir a la discusión?"

"¿Le agradó el orador de esta mañana?"

"¿Qué le pareció el orador de esta mañana?"

¿Son Inadecuadas las Preguntas Cerradas?

Las preguntas cerradas son aquellas que se pueden responder con "Sí", "No" o con una sola palabra, como "Niños", "Tres", "Mañana".

¿Las preguntas cerradas son malas?

No, no necesariamente, pero tienen su momento.

Las preguntas cerradas pueden ser útiles para obtener respuestas rápidas a preguntas simples o para recopilar información rápidamente. Por ejemplo:

"¿Puede escucharme desde atrás?"

"¿Puede ver sobre mí?"

"¿Prefiere café o té?"

"¿Qué día es su cita dental?"

"¿Nos acompañará mañana?"

¿En qué otras situaciones puede considerar que las preguntas cerradas pueden ser más apropiadas?

Cree su propia lista, pero recuerde que, para convertirse en un conversador eficaz, debe dominar las preguntas abiertas.

Preguntas Abiertas

Una pregunta abierta es cualquier pregunta que provoque una respuesta de más de una palabra.

La razón por la que se prefieren las preguntas abiertas en lugar de las preguntas cerradas es que las preguntas abiertas involucran a la otra persona y comienzan un diálogo.

EJERCICIO:

Usted está en una conferencia y está esperando en la fila para tomar un café después de una mañana de discursos. ¿Cuáles son las tres preguntas abiertas que podría hacerle a sus colegas?

1.

2.

3.

Sugerencia: *Probablemente se percatará lo fácil que es caer en la trampa de hacer una pregunta cerrada en lugar de una abierta.*

Sin embargo, como las preguntas abiertas realmente pueden ser su CLAVE SECRETA, vale la pena dedicar tiempo a dominar esta habilidad.

Las preguntas abiertas son una GRAN VENTAJA que los introvertidos pueden tener sobre los extrovertidos al momento de interactuar con otras personas.

¿Por qué?

La mayoría de los introvertidos:

- Prefirieren conversaciones individuales en lugar de hablar en grupo.
- Prefieren una conversación larga y agradable con una persona que tener una pequeña charla con mucha gente.
- Les agrada la gente interesante.

Como resultado, dominar las preguntas abiertas puede ser realmente la clave para disminuir su ansiedad y tener conversaciones interesantes con las personas que conoce.

Sí, los extrovertidos también pueden hacer preguntas abiertas, pero es muy posible que ya hayan pasado a la siguiente persona, sin preocuparse de cuán profundamente hayan conectado con la persona que acaban de conocer. Mientras ellos están disfrutando de la fiesta, usted puede tener conversaciones significativas.

Y la gente deseará hablar con usted.

Cuando realice preguntas que atraigan a otros, buscarán convivir con usted.

A la gente le encanta hablar de sí misma, por lo que, si se presenta con confianza, ofrece un gran saludo y hace preguntas abiertas a las personas que conoce, se encontrará conversando con ellas.

Por esta razón, dominar las preguntas abiertas puede ser su CLAVE SECRETA para hacer que las personas interactúen.

De Cerrada a Abierta - Ejercicio

Redacte nuevamente las siguientes preguntas cerradas como preguntas abiertas.

Por ejemplo:

"¿Quiere ir a almorzar hoy?" - Pregunta cerrada

"¿A dónde prefiere ir a almorzar hoy?" - Pregunta abierta

"¿Le agradó el orador de esta mañana?"

"¿Estará de vacaciones por Navidad?"

"¿Toca algún instrumento musical?"

"¿Está de visita?"

"¿Tiene alguna idea para agregar?"

"¿Tiene alguna pregunta?"

"¿Le gusta el kayak?"

"¿Tuvo unas buenas vacaciones?"

"¿Le gusta viajar?"

"¿Disfrutó de la universidad?"

"¿Desea que le llame?"

"¿Le agradan los días soleados?"

"¿Le agradan los viajes largos?"

"¿Le gusta el jugo?"

"Ha conocido a Sally antes, ¿verdad?"

Posibles Respuestas

¿Cómo fue su experiencia?

Enlistamos algunos ejemplos de cómo estas preguntas cerradas se pueden transformar en preguntas abiertas:

"¿Le agradó el orador de esta mañana?"

"¿Qué le pareció el orador de esta mañana?"

"¿Qué le agradó del orador de esta mañana?"

"¿Qué es lo que más le agradó del orador de esta mañana?"

"¿Estará de vacaciones por Navidad?"

"¿A dónde irá por Navidad?"

"¿Qué hará en Navidad?"

"¿Toca algún instrumento musical?"

"¿Qué instrumentos musicales toca?"

"¿Está de visita?"

"¿Desde dónde está visitando?"

"¿Tiene alguna idea que agregar?"

"¿Qué ideas tiene para añadir?"

"¿Tiene alguna pregunta?"

"¿Cuáles preguntas tiene?"

"¿Qué preguntas tiene?"

"¿Le agrada el kayak?"

"¿Qué le agrada del kayak?"

"¿Qué deportes acuáticos prefiere?"

"¿Tuvo unas buenas vacaciones?"

"¿Cuál fue la mejor parte de sus vacaciones?"

"Hábleme de sus vacaciones".

"¿Le gusta viajar?"

"¿Qué tipo de viajes prefiere hacer?"

"Hábleme de sus experiencias de viaje".

"¿Disfrutó de la universidad?"

"¿Qué es lo que disfrutó de la universidad?"

"¿Cómo fue la universidad para usted?"

"¿Desea que le llame?"

"¿Cómo prefiere que lo contacte?"

"¿Le gustan los días soleados?"

"¿Qué le gusta hacer en los días soleados?"

"¿Le agradan los viajes largos?"

"Si tuviera tiempo en este momento para hacer un largo viaje, ¿a dónde iría?"

"¿Le gusta el jugo?"

"¿Cuál es su tipo de jugo favorito?"

"Ha conocido a Sally antes, ¿verdad?"

"¿Cuándo y cómo conoció a Sally?"

Preguntas Principales

Analice la siguiente serie de preguntas, ¿qué observa?

"¿Quiere ir a almorzar hoy?"

"¿Quiere ir a Ben's Burger's para el almuerzo?"

"¿Dónde prefiere almorzar hoy?"

Probablemente habrá reconocido que la primera y la segunda pregunta son preguntas cerradas y que la última pregunta es una pregunta abierta. ¿Pero qué hay de diferente en la segunda pregunta?

Pista: ¿Qué piensa que la persona que pregunta quiere escuchar en respuesta?

La segunda pregunta es lo que se conoce como una pregunta "principal"

"¿Quiere ir a almorzar hoy?" - Pregunta cerrada

"¿Quiere ir a almorzar a Ben's Burger's? - Pregunta sugestiva

"¿Dónde prefiere almorzar hoy?" - Pregunta abierta

Una pregunta sugestiva es cualquier pregunta en la que usted "insinúa" su respuesta deseada.

Por ejemplo:

"Le agrada trabajar en esta oficina, ¿correcto?"

"Lo pasamos muy bien en la fiesta, ¿verdad?"

"¿Cuál es la peor parte de trabajar los sábados?"

La razón por la que las preguntas principales no son deseables es porque no están entendiendo lo que piensa la otra persona. En realidad, son manipulables, aunque en general no tienen intenciones maliciosas. Y no le ayudarán a convertirse en un conversador experto.

De Sugestiva a Abierta - Ejercicio

Redacte nuevamente las siguientes preguntas sugestivas a preguntas abiertas.

"¿Tiene conflictos con su supervisor?"

"¿Qué tan rápido iba el Mercedes antes de que alcanzara al BMW?"

"¿Le desagrada volar en avión?"

"Bueno, ese fue un gran seminario, ¿verdad?"

"¿Cuánto tiempo le ahorrará el nuevo proceso?"

"¿Tuvo un buen día en la escuela?"

"¿Cómo estuvieron sus maravillosas vacaciones?"

"¿Le agradaron nuestros nuevos estilos?"

"¿Disfrutó la actividad de formación de equipos?"

"Tiene un gran jefe, ¿verdad?"

"¿No fue esa película emocionante?"

"¿Cuáles partes del nuevo software son más difíciles de adaptar?"

Posibles Respuestas

¿Cómo fue su experiencia?

Enlistamos algunos ejemplos de cómo las siguientes preguntas principales pueden convertirse en preguntas abiertas:

"¿Tiene conflictos con su supervisor?"

"¿Cómo es su relación con su supervisor?"

"¿Qué tan rápido iba el Mercedes antes de que alcanzara al BMW?"

"¿Qué tan rápido iba cada auto antes de que chocaran?"

"¿Le desagrada volar en avión?"

"¿Cómo se siente al volar en avión?"

"Bueno, ese fue un gran seminario, ¿verdad?"

"¿Qué le pareció el seminario?"

"¿Cuánto tiempo le ahorrará el nuevo proceso?"

"¿Cómo afectarán los nuevos procesos a su productividad?"

"¿Tuvo un buen día en la escuela?"

"¿Cómo estuvo su día en la escuela hoy?"

"¿Cómo estuvieron sus maravillosas vacaciones?"

"¿Cómo estuvieron sus vacaciones?"

"¿Qué fue lo más destacado de sus vacaciones?"

"¿Le agradaron nuestros nuevos estilos?"

"¿Cuál fue su reacción respecto a nuestros nuevos estilos?"

"¿Disfrutó la actividad de formación de equipos?"

"¿Qué le pareció la actividad de formación de equipos?"

"Tiene un gran jefe, ¿verdad?"

"¿Cómo es su jefe?"

"¿No fue esa película emocionante?"

"¿Qué le pareció esa película?"

"¿Cuáles partes del nuevo software son más difíciles de adaptar?"

"¿Cómo ha sido su experiencia de adaptación al nuevo software?"

A medida que concluimos este capítulo, enlistamos algunos consejos útiles a tener en cuenta:

- Como introvertido, naturalmente es un buen oyente. A medida que se aplique al aprendizaje de habilidades de escucha activa, comenzará a llevar sus habilidades naturales a un nivel superior.
- Los mensajes se transmiten mediante las palabras dichas (10%), el tono de voz (40%) y el lenguaje corporal (50%).
- Utilice la escucha activa prestando toda su atención al orador.
- Realice más preguntas abiertas que cerradas.
- Evite las preguntas sugestivas que "insinúan" la respuesta deseada.
- La comunicación no verbal conlleva un mensaje poderoso (más sobre esto en el capítulo 6).
- El tono de voz también es importante (más sobre esto en el capítulo 11).

¿Qué opina? Después de aprender sobre los fundamentos, ¿cuáles considera que son sus fortalezas? ¿Cuáles son sus mayores oportunidades de mejora?

Casos de Estudio

- Rebecca descubrió que las técnicas de aclarar y resumir son las más útiles. No solo descubrió que entendía más cuando se tomaba el tiempo para aclarar, sino que resumir las conversaciones la llevó a pedirle que resumiera las reuniones, lo que le permitió estructurar oportunidades para que su opinión fuera escuchada.

- Larry considera que la escucha activa es una habilidad particularmente útil, no solo en el trabajo sino también en el hogar. Obligarse a sí mismo a dejar de lado el teléfono y dejar de pensar demasiado, dio lugar a conversaciones más interesantes y conexiones más profundas con sus seres queridos.
- ¡Chris estaba encantada de saber que podía sustituir preguntas abiertas por preguntas cerradas y mantener a la otra persona hablando por más tiempo!
- Kelly se sorprendió de cuántas preguntas sugestivas solía hacer. Cuando dejó de hacerlo, notó que las personas convivían mucho más con él que antes.

La Guía de Supervivencia para Introvertidos sobre la Escucha Activa

La escucha activa es la clave para que las personas se sientan escuchadas y para que usted reciba el mensaje completo de una persona.

Aquí hay algunas cosas que debe y no debe tener en cuenta:

Sí:

Escuche lo que la otra persona está diciendo.

Preste atención a sus palabras, su tono de voz y su lenguaje corporal.

Brinde señales de que está escuchando (contacto visual, asentir).

Realice preguntas aclaratorias.

Realice un resumen para verificar la comprensión.

No:

NO piense en su respuesta mientras la otra persona está hablando.

NO interrumpa a la persona que está escuchando.

NO lleve una agenda.

3 Claves para Recordar

CLAVE 1: Utilizar la escucha activa.

CLAVE 2: No pensar en su respuesta.

CLAVE 3: Prestar atención a todo el mensaje.

La Guía de Supervivencia para Introvertidos sobre Hacer Preguntas

Su capacidad para realizar preguntas abiertas y reflexivas es su mejor herramienta para lograr que las personas se abran a usted.

Aquí hay algunas cosas que debe y no debe tener en cuenta:

Sí

Realice preguntas abiertas.

Piense con anticipación acerca de las preguntas que hará.

Realice preguntas de seguimiento.

Use la escucha activa.

Tome algunas notas, si es necesario.

No

NO realice preguntas cerradas.

NO "insinúe" la respuesta que busca haciendo preguntas sugestivas.

3 Claves para Recordar

CLAVE 1: Utilice preguntas abiertas y evite preguntas sugestivas o principales.

CLAVE 2: Escuche activamente las respuestas.

CLAVE 3: En caso de duda, formule otra pregunta.

Capítulo 6: Comunicación No Verbal

"El introvertido común utiliza su naturaleza observadora para descifrar un sitio. Es más probable que noten el lenguaje corporal y las expresiones faciales de las personas, lo que los hace mejores en la comunicación interpersonal".

Dr. Jennifer Kahnweiler

En el último capítulo, aprendimos que los mensajes son transmitidos por las palabras dichas (10%), el tono de voz (40%) y el lenguaje corporal (50%).

En este capítulo, veremos el aspecto del lenguaje corporal de esta ecuación, también conocido como habilidades de comunicación no verbal.

Como se mencionó anteriormente, como introvertido, es adepto a descifrar un sitio y a captar las señales no verbales. Con solo un poco más de conocimiento sobre qué buscar, realmente puede ser una fuente de poder.

Señales de Comunicación No Verbal

¿Qué piensa que podría significar lo siguiente? Si puede pensar en más de una posibilidad, escríbalas todas.

Brazos cruzados

Piernas cruzadas

Rebote de la rodilla

Cuerpo girado

Hacer contacto visual

No hacer contacto visual

Ojos en blanco

Ojos distraídos

Ojos cerrados

Mirar hacia la puerta

Mirar al piso

Mirar el reloj

Masticar una pluma

Dedos golpeando rítmicamente

Golpeando un solo dedo

Apuntando con un dedo

Puños cerrados

De pie

Marcar el ritmo

Reclinarse en una silla

Desplomarse en una silla

Golpear la mesa

Pararse a distancia

Pararse muy cerca

Empujar

Volveremos a la lista más adelante, pero mientras tanto conserve esta lista al leer este capítulo.

Gestos

¿Qué significan para usted los siguientes gestos? ¿Es consciente de significados alternativos en otras culturas? ¿Hay alguno que evitaría?

Pulgares hacia arriba

Palma hacia arriba y hacia abajo

Mano arriba con los dedos extendidos

Dedo índice y pulgar juntos, formando un círculo

Un solo dedo apuntando hacia usted, haciendo señas

Índice y dedo meñique hacia arriba, dedos medios hacia abajo

Puño con el pulgar sobresaliendo entre el índice y el segundo dedo

Chasquear dedos

Volveremos a las diferencias culturales más adelante, y estos gestos en particular. Mientras tanto, si piensa en otros posibles significados, tome nota.

Por Qué es Importante el Lenguaje Corporal

Alrededor del 50% del mensaje que escucha es el de los mensajes no verbales del orador. Estos incluyen el contacto visual (o la falta del mismo), los brazos cruzados, la silla empujada hacia atrás, la cabeza hacia abajo, mirando hacia otro lado, los ojos en movimiento, la espalda rígida, recostarse en la silla, las piernas cruzadas (o sin cruzar), de pie o sentado.

Algunos se consideran universales (por ejemplo, brazos cruzados, falta de contacto visual), mientras que otros son específicos para el individuo (por ejemplo, una persona que generalmente se sienta se pone de pie, o se sienta erguida cuando por lo general se recuesta).

Debe considerar la situación (¿podría la persona con los brazos cruzados simplemente tener frío?) y considerar qué tan bien conoce a la persona.

Sin embargo, como regla general, estas señales no verbales pueden no llegar a usted conscientemente, al menos no al principio. Su cuerpo puede reaccionar a señales no verbales antes de que incluso haya tenido la oportunidad de pensar en ellas.

Lo mismo se aplica al tono de voz del hablante, que representa el 40% del mensaje transmitido. La mayoría de las veces, su psique responderá a cualquier tensión en el tono de voz del hablante antes de que haya tenido la oportunidad de pensar en ello. Puede que se sienta a la defensiva antes de que haya escuchado la esencia del mensaje hablado.

Por supuesto, las palabras son importantes, pero al 10%, no debe ignorar el poder de lo que comunica de manera no verbal al 50%, y el mensaje enviado por el tono de su voz, al 40%, como factores en cómo se transmite su mensaje.

Lenguaje Corporal para Introvertidos

Más allá de leer el lenguaje corporal de otros, existen numerosos beneficios de monitorear su propio lenguaje corporal.

Prestar atención a su lenguaje corporal le ayudará a:

- Mostrarse más seguro de sí mismo
- Sentirse más confiado
- Reducir la ansiedad
- Aumentar su testosterona

Estas son especialmente buenas noticias para los introvertidos.

Cuando su ansiedad se reduce, su enfoque se desviará. Y cuando su atención se dirija fuera de usted, terminará con la espiral de ansiedad.

Respire y disfrute de la experiencia, ya que en este estado tendrá conversaciones más enriquecedoras con los demás.

Postura de Cuerpo Abierta

La clave es adoptar una postura de cuerpo abierto con una postura erguida, de pie, con la cabeza levantada, los hombros hacia atrás y los codos hacia afuera.

Esta postura se conoce como "abierta", ya que, en un contexto primitivo, su cuerpo está más expuesto. En una batalla, sería más vulnerable.

Aquí se ofrecen algunos consejos:

- Conserve los brazos sin cruzar. Si sus brazos están cruzados, comenzará a sentirse más ansioso. No cruzar los brazos reducirá su ansiedad.
- Coloque sus pies firmemente en el suelo, lo suficientemente separados para asegurar su equilibrio. Resista la tentación de mantener el equilibrio sobre un pie o apoyarse en algo.
- Sostenga los codos hacia afuera de su cuerpo. Conserve el mayor espacio posible. Si está sosteniendo una copa de vino, practique mantenerla alejada de su cuerpo.
- Use gestos con las manos mientras habla.
- Cuando hable con alguien, asienta con la cabeza para indicar interés. Un "triple asentimiento" cuando alguien deja de hablar será una señal de que desea que continúen hablando (inténtelo, funciona).
- Resista la tentación de revisar su teléfono, ya que adoptará de inmediato una postura cerrada y alejará a las personas de usted (más acerca de esto en este capítulo).

El resultado de pararse con los codos hacia afuera y usar gestos con las manos es que su cuerpo ocupará más espacio físico. Cuanto más espacio ocupe su cuerpo, más confianza tendrá.

Puede reconocer esta postura en oradores y otras personas con un poder personal significativo. Esto es lo que se conoce como una posición de poder, pero no significa necesariamente que esté buscando poder. Más bien, parece confiado.

Ahora volvamos a los mensajes que nuestro lenguaje corporal envía a otros.

Señales de Comunicación No Verbal – Algunas Posibilidades

Al inicio del capítulo, usted adivinó lo que podrían significar una serie de señales de comunicación no verbal. Tome sus notas y compare sus ideas con las posibilidades enlistadas a continuación.

Brazos cruzados – podría significar:

- Defensiva
- Cerrado a la escucha
- Sentir frío e intentar entrar en calor

Piernas cruzadas – podría significar:

- Relajación
- Defensiva
- Malestar físico

Rebote de rodilla – podría significar:

- Impaciencia
- Energía nerviosa
- Emoción

Cuerpo girado – podría significar:

- Desinterés
- Cerrado a las ideas
- Deseo de escapar

Hacer contacto visual – podría significar:

- Apertura
- Desafiar (mirar fijamente)

- Escuchar

No hacer contacto visual – podría significar:
- Cerrarse
- Evitar
- Distracción
- Avergonzar

Ojos en blanco – podría significar:
- Aburrimiento
- Desacuerdo

Ojos distraídos – podría significar:
- Distracción
- Desinterés
- Escuchar

Ojos cerrados – podría significar:
- Escuchar
- Pensar
- Concentración
- Evitar
- Dormir

Mirar hacia la puerta – podría significar:
- Deseo de escapar
- Distracción

Mirar al suelo – podría significar:
- Reflexión
- Distracción
- Avergonzar

Mirar el reloj – podría significar:
- Tiempo justo
- Distracción
- Deseo de marcharse

Masticar una pluma – podría significar:
- Escuchar
- Reflexión

Dedos golpeando rítmicamente – podría significar:
- Impaciencia
- Nerviosismo
- Emoción

Golpear con un dedo – podría significar:
- Tratar de hacer un punto
- Dominar
- Agresión

Señalar con el dedo – podría significar:
- Acusar
- Gesto autoritario
- Mirar ahí (al señalar)

Puños apretados – podría significar:
- Frustración
- Enfado
- Impaciencia

Ponerse de pie – podría significar:
- Estar listo para irse
- Pensamientos profundos
- Malestar físico

Marcar el ritmo – podría significar:
- Pensamientos profundos
- Preocupación
- Impaciencia

Reclinarse en una silla – podría significar:
- Relajación
- Derrota

- Cansancio

Desplomarse en una silla – podría significar:

- Relajación
- Escuchar
- Desinterés

Golpear la mesa – podría significar:

- Sentirse inaudito
- Énfasis
- Enfado

Pararse a distancia – podría significar:

- Desconectado
- Respetuoso
- Distante

Pararse muy cerca – podría significar:

- Intimidar
- Irrespetuoso
- Asertividad

Empujar – podría significar:

- Asertividad
- Irrespetuoso
- Comportamiento de multitud

Diferencias Culturales

Como hemos discutido, las personas de diferentes orígenes culturales pueden cambiar mucho en términos de creencias, normas culturales y estilos de comunicación.

Esto es quizás más evidente en la comunicación no verbal.

Contacto Visual

En el occidente, el contacto visual no solo es común; está previsto. Si alguien no hace contacto visual, se puede pensar que está ocultando algo. En otras culturas, el contacto visual directo se considera grosero y conflictivo, y evitar el contacto visual es un signo de respeto.

Espacio Personal

En el occidente, esperamos una gran cantidad de espacio personal a nuestro alrededor físicamente. Si alguien se acerca demasiado, sentimos que nuestro espacio personal ha sido invadido y nos sentimos incómodos. Si existe un toque incidental, consideramos que el agresor es grosero y desconsiderado. Sin embargo, en otras culturas, como los países altamente poblados, detenerse y no defenderse físicamente puede considerarse una debilidad.

Gestos

Los gestos tienen significados completamente diferentes dependiendo de la parte del mundo en el que viva.

Si estuviera viajando, probablemente estudiaría los países y la región a la que viaja para saber qué gestos son o no aceptables.

Sin embargo, si vive en una sociedad multicultural, puede insultar involuntariamente a alguien con quien está hablando mediante un gesto que tiene un significado completamente diferente en su país de origen.

Algunos ejemplos son:

- Estar de pie con las manos en la cadera transmite confianza y orgullo y se considera una posición de poder en occidente, sin embargo, esta postura puede interpretarse como un desafío o enojo.
- Si bien guiñar un ojo puede significar "compartimos un secreto", o mostrar interés romántico en occidente, se considera grosero en algunas culturas. También puede ser una señal para que los menores salgan de la habitación.

- Una postura encorvada puede considerarse como pereza o relajación en occidente, pero en algunas culturas, es una señal de falta de respeto.
- Cruzar las piernas, con la parte inferior de un pie expuesta, puede carecer de sentido en occidente, pero se considera sucio y grosero en otras partes del mundo.
- Incluso asentir tiene diferentes significados. En occidente, asentir con la cabeza hacia arriba y hacia abajo significa que sí, y moverla de lado a lado significa que no, pero existen culturas donde estos significados se invierten.

Volvamos a la lista de gestos del inicio de este capítulo.

Gestos – Diferentes Significados Culturales

¿Cuántos de estos gestos le parecen familiares? ¿Sabía que cualquiera de ellos puede ser considerado grosero o insultante?

Pulgares hacia arriba – en diferentes culturas, este gesto puede significar:

- De acuerdo
- Es tu decisión

Palma hacia arriba y hacia abajo – en diferentes culturas, este gesto puede significar:

- Detenerse
- Calmarse
- Llamar a un mesero

Mano hacia arriba con dedos extendidos – en diferentes culturas, este gesto puede significar:

- Saludar
- Comer basura

Dedo índice y pulgar juntos, formando un círculo – en diferentes culturas, este gesto puede significar:

- Señal OK
- Recto

- Cero

Un dedo apuntando hacia usted, haciendo señas – en diferentes culturas, este gesto puede significar:

- Ven aquí
- Rudo, usado solo para perros
- Muerte

Dedo índice y meñique hacia arriba, dedos medios hacia abajo – en diferentes culturas, este gesto puede significar:

- Positividad
- Señal del demonio

Puño con el pulgar sobresaliendo entre índice y segundo dedo– en diferentes culturas, este gesto puede significar:

- Buena suerte
- Fertililidad
- Genitales femeninos
- Irse al demonio

Chasquear los dedos – en diferentes culturas, este gesto puede significar:

- Tener una idea
- Darse prisa
- Ofensa

Si bien no se puede esperar que nadie sepa lo que cada gesto puede significar en todo el mundo, puede ayudar en sus interacciones interpersonales si puede evitar algunos errores comunes.

El Contexto es Todo

Por supuesto, no puede estar seguro de lo que está pasando alguien sin preguntárselo, y eso no siempre es apropiado. Así que considere que las señales captadas son pistas, no respuestas definitivas.

Por otro lado, si conoce a la persona, tiene la ventaja adicional de saber qué es inusual para ella. En una palabra, tiene contexto. A menudo, es su conocimiento de la persona lo que le permite tomar conciencia de los cambios en el lenguaje corporal que otros no podrían ver.

A continuación, mostramos algunos escenarios que ilustran este punto.

En cada situación, ¿qué piensa que podría estar pasando? ¿Existen señales no verbales que un espectador considere que son significativas?

La Reunión con Marty

Angelina entró en la oficina de su jefe, Marty. Tenía una gran sonrisa en su rostro. Estaba hablando por teléfono, así que le indicó que se sentara, cubriéndose la boca para susurrar que solo tardaría un minuto.

Fred se Reúne con Norman

Fred miró su reloj y entró en la oficina de su jefe, Norman. Norman estaba hablando por teléfono, pero le indicó que se sentara. Además de esto, no hizo contacto visual.

La Reunión del Lunes

Melinda trabajó de forma remota, pero llamó semanalmente a una reunión del equipo con su departamento desde casa. Su colega, Martin, atendió la llamada, y dijo que estaban esperando a María, colocando a Melinda en el altavoz. Cuando escuchó a la gerente del proyecto, la voz de María, disculpándose por llegar tarde, Melinda dejó el auricular para escuchar. María se aclaró la garganta y comenzó la reunión. Keith informó sobre los números de la semana pasada, pero antes de que alguien más pudiera hablar, María dijo: "Antes de entrar en la agenda de hoy..."

La Reunión del Equipo RRR Rodeo

Ruth, Ralph, Reggie y el resto del equipo de RRR Rodeo se reunieron en la sala de reuniones Roundup. Cuando su jefe, Rudy, llegó unos minutos tarde, no dijo mucho y barajó sus papeles. Había rastros de una sonrisa en la cara de Rudy.

El Discurso del Presidente

Nancy llegó tarde a la sala de reuniones y el presidente ya estaba hablando. Todos los demás estaban callados. Había brazos cruzados y sillas empujadas hacia atrás.

El Negocio Familiar

Jack formaba parte de un negocio fundado por su padre, Leo, que ahora dejaba las operaciones diarias a Jack, a su hermano Mack y a su hermana Missy. Cuando recibió un mensaje de texto para regresar a la oficina para una reunión, no pensó mucho en ello. Cuando abrió la puerta de la sala de conferencias, Missy, Mack y el señor Clifton, el abogado de la familia, ya estaban sentados.

¿Alguna conjetura? No hay mucho que suponer, ¿verdad? ¿Qué señales adicionales podría notar alguien familiarizado con esas personas?

En situaciones en las que ya conoce a la persona (en lugar de encontrarse con un extraño), tiene la ventaja adicional de notar cambios en su comportamiento. Por ejemplo, un compañero de trabajo cuyos ojos son expresivos cuando habla y después evita el contacto visual. O un gerente que suele ser muy expresivo al dar la bienvenida a las personas a las reuniones, y hoy tiene la mente enfocada en su documentación cuando todos llegan.

Volvamos a nuestros escenarios, esta vez desde la perspectiva de los participantes.

En cada uno de estos escenarios, existen señales que le indican al oyente algo sobre lo que vendrá. Antes de que se dijera una palabra, tenían una idea de lo que iba a pasar. Esta vez, tiene la ventaja de este contexto.

La Reunión con Marty – La perspectiva de Angelina

Angelina entró en la oficina de su jefe, Marty, y se echó a reír cuando vio la gran sonrisa en su rostro. Pensaba que él era como un niño pequeño a veces. Estaba hablando por teléfono, así que le indicó que se sentara, cubriéndose la boca para susurrar que solo tardaría un minuto. Angelina esperó con anticipación, preguntándose qué estaba pasando.

- Interpretación: Angelina imaginó que se acercaban buenas noticias.

- Señales No Verbales: la sonrisa en la cara de Marty, su lenguaje corporal cuando le indicó a Angelina que se sentara.

Fred se Reúne con Norman – La perspectiva de Fred

Fred revisó su reloj, entró en la oficina de su jefe, Norman, y tomó asiento. Como de costumbre, Norman estaba hablando por teléfono, pero le indicó que se sentara. Fred inmediatamente se sintió tenso, al darse cuenta de que Norman no estaba haciendo contacto visual con él. Los dos habían trabajado juntos durante años, y Fred detectó instintivamente un cambio en el patrón.

- Interpretación: Norman le diría a Fred algo que no le agradaría.
- Señales No Verbales: Falta de contacto visual.

La Reunión del Lunes – La perspectiva de Melinda

Melinda trabajó de forma remota, pero llamó semanalmente a una reunión de su equipo desde casa. Su colega, Martin, atendió el teléfono cuando sonó y dijo: "María está retrasada, solo estamos esperando", y puso a Melinda en el altavoz. Era la habitual broma de los lunes por la mañana, que Melinda escuchaba a medias mientras hacía sus notas para la reunión. No era lo mismo que estar allí en persona, pero eso estaba bien; ella estaba acostumbrada a ello.

Cuando escuchó al gerente del proyecto, la voz de María, disculpándose por llegar tarde, Melinda dejó su auricular para escuchar. La sala estaba en gran parte en silencio mientras esperaban a que María comenzara, lo que finalmente hizo, aclarando su garganta. Con un tono más serio de lo habitual, María comenzó la reunión. Como de costumbre, le pidió a Keith que informara sobre los números de la semana pasada, después María intervino antes de que alguien pudiera comentar y dijo: "Antes de entrar en la agenda de hoy..." Melinda estuvo inmediatamente alerta a la seriedad en la voz de María y contuvo la respiración.

- Interpretación: Algo está sucediendo y no son buenas noticias.
- Señales No Verbales: María aclarando su garganta, la forma en que María intervino antes de que alguien pudiera decir algo, el tono de voz de María.

La Reunión del Equipo RRR Rodeo– La perspectiva de Ruth

Ruth, Ralph, Reggie y el resto del equipo de RRR Rodeo se reunieron en la sala de reuniones Roundup, donde su jefe, Rudy, les había citado. Cuando Rudy llegó, unos minutos tarde, no dijo mucho (algo inusual en él) y barajó sus papeles, pero Ruth pudo ver los rastros de una sonrisa juguetona en su boca. Ella se preguntó qué estaba pasando.

- Interpretación: Ruth sospechó que habría buenas noticias o algún tipo de sorpresa.
- Señales No Verbales: Un cambio en el comportamiento, los rastros de una sonrisa.

El Discurso del Presidente – La perspectiva de Nancy

Cuando Nancy llegó tarde a la sala de reuniones, no pudo captar el hilo de la conversación, pero se dio cuenta de que el tono de voz del Presidente, generalmente alegre, era moderado. Cuando encontró un asiento, miró a sus colegas y notó una gran cantidad de brazos cruzados y sillas empujadas hacia atrás. Uh oh, pensó, me pregunto qué pasa.

- Interpretación: Hay malas noticias en marcha, y los demás ya lo saben.
- Señales No Verbales: El tono de voz del Presidente, y el lenguaje corporal de sus colegas.

El Negocio Familiar – La perspectiva de Jack

Jack era parte de un negocio familiar, fundado por su padre, Leo. En su mayor parte, Leo jugó un rol detrás de escena y dejó las operaciones diarias a Jack, a su hermano, Mack y a su hermana, Missy. Cuando recibió el mensaje de texto para que regresara a la oficina para una reunión importante, no pensó mucho en ello. Sin embargo, cuando abrió la puerta de la sala de conferencias y vio a Missy y Mack sentados, con expresiones de asombro, frente al Sr. Clifton, el abogado de la familia, supo que no eran buenas noticias.

- Interpretación: Algo le ocurrió a papá.
- Señales No Verbales: Las expresiones de asombro en la cara de Missy y Mack, y la presencia del Sr. Clifton.

¿Puede detectar las señales que los participantes, que estaban familiarizados con los jugadores involucrados, pudieron notar?

Esto no significa que no pueda captar las señales no verbales de desconocidos. Puede hacerlo, pero no siempre puede estar seguro de lo que está sucediendo.

Siempre es prudente no emitir juicios, pero dedique un tiempo a observar el lenguaje corporal en las reuniones a las que asiste y observe lo que puede notar.

Mensaje Incongruente

¿Qué haría si se enfrenta a una incongruencia entre lo que alguien dice y lo que su lenguaje corporal y / o tono de voz está transmitiendo?

Tómese un minuto para reflexionar.

Si nota una discrepancia entre lo que una persona está diciendo y las otras señales que está recibiendo, sus opciones son:

- No hacer nada por el momento.
- Realizar una pregunta.
- Reflexionar sobre la interacción posterior.
- Tener una discusión de seguimiento.
- Seguir sin hacer nada.

En términos de hacer una pregunta, puede realizar una pregunta específica sobre la incongruencia o simplemente reflejar lo que observó. Aquí hay algunas frases que podrían funcionar:

- "Noto que mira su reloj. ¿Tiene otra reunión? ¿Le gustaría reprogramar para cuando tenga tiempo disponible?"
- "Estoy interesado en sus comentarios sobre lo que he dicho hasta ahora"
- "Esto es lo que pasó, desde mi perspectiva. Me gustaría escuchar lo que sucedió desde su perspectiva"
- "Puedo notar que se siente incómodo con lo que estoy diciendo. ¿Le gustaría compartir lo que tiene en mente?
- "Sé que está diciendo que está satisfecho con mi trabajo en el proyecto, pero no está sonriendo. ¿Hay algo que le concierne?

Una desconexión entre las palabras y las señales no verbales podría ser una señal de que su enfoque está desactivado, por lo que reflexione sobre la conversación después.

Por ejemplo: si su "así es como lo vi revelarse", con ojos bajos o brazos cruzados, tal vez intente un enfoque diferente la próxima vez. Por ejemplo, "me gustaría compartir lo que observé, y luego me gustaría escuchar lo que sucedió desde su perspectiva", puede brindar una reacción diferente.

Seguridad Personal y Situaciones de Tensión

A veces, las señales no verbales pueden decirle que algo está seriamente incorrecto. Si alguien está actuando de manera agresiva, como gritar, señalar con un dedo, es posible que deba librarse de la situación por su propia seguridad.

También es recomendable conocer algunos trucos para reducir la tensión de una situación.

Escuchar es lo más importante que puede hacer. Pídale a la otra persona que comparta su perspectiva y use sus habilidades de escucha activa hasta que entienda completamente las cosas desde su ángulo. No esté en desacuerdo ni intente resolver el problema en ese momento. Continúe investigando hasta que se sienta escuchado. Cuando las personas se sienten escuchadas, es menos probable que actúen con hostilidad o se cierren o se nieguen a escuchar.

Puede que sienta que usted es el único que maneja el barco, pero eso no es correcto.

Esos Malditos Smartphones

Nuestra discusión sobre la comunicación no verbal no estaría completa sin una discusión sobre el teléfono celular.

Desplazarse o escribir en un teléfono inteligente puede parecerle ordinario, pero en realidad no lo es.

En la cultura actual, muchas personas están tan apegadas a sus dispositivos que no pueden imaginarse sin ellos. Consideran que pueden escuchar de igual manera aún si están ocupados con su teléfono, pero no del todo. No tome esto solo como un signo de mala educación.

Dicho esto, tener la mente enfocada en su teléfono inteligente no va a ayudar a sus habilidades de conversación. El mismo acto cerrará cualquier posibilidad de conocer gente nueva, y mucho menos iniciar nuevas conversaciones.

Piense en lo que sucede cuando estamos involucrados con estos dispositivos:

- ¿Cuáles señales no verbales envía cuando está utilizando su teléfono?

- ¿Qué mensajes no verbales ha recibido de otros?
- Si se encuentra en un lugar donde la gente está usando sus teléfonos, observe, ¿qué nota acerca de su lenguaje corporal?
- Si se encuentra a solas, intente este ejercicio la próxima vez que esté fuera. Mire a su alrededor y observe las señales no verbales que envían quienes están ocupados en sus dispositivos móviles.
- La próxima vez que asista a una reunión, observe a las personas a medida que llegan. ¿Quién se involucra primero en una conversación: alguien con la cabeza metida en su teléfono o la persona que espera pacientemente a que comience la reunión?

Sí, si prefiere estar a solas, entonces puede considerar que su teléfono es su mejor amigo, pero como ha comprado este libro sobre habilidades de conversación, probablemente este no sea su objetivo. Puede ser su instinto, pero no le ayudará a interactuar.

Esto es lo que sucede cuando está mirando la pantalla de su teléfono:

- Su cabeza está inclinada hacia abajo.
- Sus hombros están naturalmente empujados hacia abajo.
- Su atención es desviada.
- Su lenguaje corporal está cerrado.
- La señal que está enviando es "manténgase alejado'.
- No es posible que alguien capte su atención.
- En una palabra, es inaccesible.

Por cierto, cualquier esperanza que pueda tener al involucrase con su teléfono podría sugerirle que está muy ocupado, tiene mensajes urgentes o, de lo contrario, es más importante que nadie, está perdido. Todo el mundo sabe lo que está haciendo porque lo han hecho ellos mismos.

Algunos consejos finales sobre los Smartphones:

- Si desea conocer gente, ignore su teléfono. Puede guardarlo, apagarlo o ponerlo en modo silencioso.
- Al estar solo en un evento sin nadie con quien hablar, resista la tentación de mirar su teléfono.

- Si necesita revisar su teléfono, retírese y hágalo, después guárdelo nuevamente.

Por último, no permita que su teléfono se convierta en una muleta. Es demasiado fácil cubrir los silencios incómodos revisando su dispositivo, pero resista la tentación. ¡Tal vez encuentre a alguien interesante con quien hablar!

A medida que concluimos este capítulo, ofrecemos algunos consejos útiles a tener en cuenta:

- Como introvertido, es adepto a captar señales no verbales, continúe aprendiendo, está en camino de convertirse en una fuente de poder.
- Tenga en cuenta que una persona podría tener los brazos cruzados por sentir frío, pero también podría significar algo más.
- Leer el lenguaje corporal es buscar pistas, pero no es algo definitivo.
- Confíe en su instinto. Si tiene un sentimiento intenso de que algo anda mal, probablemente sea verdad.
- El contexto lo es todo. Si conoce a la persona y/o las circunstancias a su alrededor, tenga esto en cuenta al interpretar el lenguaje corporal.
- Considere su propio lenguaje corporal.
- El lenguaje corporal puede significar diferentes cosas en otras culturas.
- El tono de voz también es importante (más sobre esto en el capítulo 11).

¿Qué opina? ¿Puede detectar la comunicación no verbal de otras personas? Desde que leyó este capítulo, ¿ha comenzado a notar sus propias reacciones ante las señales no verbales que otros envían? ¿Observa lo que hace al enviar un mensaje no deseado contra lo que pretende?

Casos de Estudio

- Rebecca sabía que podía mostrar abiertamente sus sentimientos; ¡no podía ocultar la manera en que se sentía! Con una mayor comprensión de la comunicación no verbal, fue capaz de ser intencional con su lenguaje corporal, para no ser demasiado emocional en situaciones no críticas.
- Larry algunas veces fue acusado de estar a la defensiva, cuando no creía estarlo. Después de aprender sobre la comunicación no verbal, pudo desenroscar conscientemente los brazos y lograr un mejor contacto visual. Junto con sus nuevas habilidades de escucha activa, dejó de escuchar esos comentarios.
- Chris no entendía por qué todos pensaban que era intimidada por los demás. A medida que adquirió una mejor comprensión de su lenguaje corporal y las señales que envía, pudo hacer algunos pequeños cambios para parecer más confiada: no inclinar la cabeza, hacer mayor contacto visual y asentir con la cabeza mientras escucha.
- La comunicación no verbal no era algo a lo que Kelly le había prestado mucha atención en el pasado. Inicialmente, se sintió fascinado por los mensajes no verbales que los demás enviaban, analizando a las personas en todo tipo de situaciones. En última instancia, fue capaz de identificar que su hábito de tirar su pluma cuando estaba cansado estaba alejando a las personas. Ahora coloca su pluma de manera gentil.

La Guía de Supervivencia para Introvertidos sobre la Comunicación No Verbal

Su capacidad para transmitir un lenguaje corporal abierto y leer las señales no verbales de otros puede hacer mucho para mejorar la eficacia de su comunicación.

Aquí hay algunas cosas que debe y no debe tener en cuenta:

Sí

Observe el lenguaje corporal de los demás.

Sea consciente de su propio lenguaje corporal.

Use una postura de cuerpo abierto (erguido, con los hombros separados).

Coloque sus pies firmemente en el suelo.

Sonría.

Haga contacto visual.

Realice una pregunta.

No

NO cruce los brazos.

NO se culpe si falla.

NO resuelva problemas si está enojado.

NO espere que todos respondan igual.

3 Claves para Recordar

CLAVE 1: Adopte una postura de cuerpo abierta.

CLAVE 2: Manténgase alejado de su teléfono.

CLAVE 3: Comunique que es accesible.

La Guía de Supervivencia para Introvertidos sobre los Smartphones

Guárdelo. Solo guárdelo. No necesita su teléfono inteligente para interactuar con los demás en persona.

Aquí hay algunas cosas que debe tener en cuenta:

Sí

Guarde su teléfono.

Sea la única persona en la habitación que no usa un dispositivo móvil.

No

NO se esconda detrás de su teléfono.

NO cubra las pausas incómodas sacando su teléfono.

NO asuma que otros que están usando sus teléfonos están siendo groseros.

3 Claves para Recordar

CLAVE 1: Para conocer gente, guarde su teléfono.

CLAVE 2: Trate cualquier asunto urgente, luego guarde su dispositivo móvil.

CLAVE 3: No use su teléfono como una muleta.

Capítulo 7: Adaptación al Modelo

Como se presentó en el capítulo 2, titulado Entender a las Personas, existen muchas maneras en que las personas se diferencian, entre ellas:

- Introversión vs. extroversión
- Género
- Emociones
- Cultura
- Personalidad

A continuación, exploraremos cómo puede adaptar su enfoque a diferentes tipos de personas.

Para empezar, haga una pausa para pensar por un momento acerca de sus amigos.

Mis Amigos – Ejercicio

¿Cuál de sus amigos, familiares y compañeros de trabajo describiría como orientados principalmente a los resultados y cuáles describiría como relajados?

Amigos orientados a resultados (tienen muchos objetivos, enfocados en el logro, motivados):

1.

2.

3.

4.

5.

Amigos relajados (tranquilos, viven el momento, tienden a ir con la corriente):

1.

2.

3.

4.

5.

La Propuesta – Ejercicio

Necesita que cuatro personas diferentes de su compañía revisen y aprueben una propuesta que está realizando para financiar un nuevo programa de capacitación. Los cuatro altos directivos son bastante diferentes entre sí.

Su propuesta tiene 16 páginas, incluido un resumen ejecutivo de 1 página, una sinopsis de 10 páginas, 1 página de cálculos y 3 páginas de gráficos que muestran cómo el nuevo proceso de capacitación se ajusta a otros aspectos del negocio. También contiene un resumen financiero al final.

En términos generales, planea enviar su propuesta por correo electrónico a cada uno de los gerentes y posteriormente hacer citas para reunirse con cada uno de ellos para responder preguntas y obtener su aprobación.

Antes de hacerlo, pasa algún tiempo pensando en los cuatro gerentes y en cómo podría adaptar su enfoque a cada uno.

Irene es gerente senior en el departamento de Compras. Muy ocupada y extremadamente brillante, existen muchas exigencias de su tiempo. Sin embargo, una vez que obtenga su atención, Irene le escucha, escuchará sus ideas y les dará una consideración cuidadosa. Irene tiene una gran necesidad de mediciones y detalles financieros y necesitará tiempo para analizar los detalles antes de comprometerse. Sentada en su oficina, repleta de archivos, nunca se sintió agobiada; el gran desafío es tener suficiente tiempo en su agenda para obtener su aprobación.

Randy es un gerente senior en el departamento de Ventas. En las ocasiones en que no está de viaje trabajando con representantes de ventas, reuniones de clientes y conferencias de ventas, Randy se encuentra en la oficina. Si necesita ver a Randy, debe reservar una cita. Si tiene suerte, él estaría libre cuando llegase. Siempre le atendería de inmediato si hubiese reservado una cita, pero a veces literalmente habría una cola de espera fuera de su oficina. Siempre se sentía como si estuviese saltando la fila si él le hacía pasar por delante de otros esperando. Y existía la posibilidad de una interrupción o de una reunión interrumpida debido a una crisis de clientes de un tipo u otro. Como resultado, siempre se sentía un poco nervioso al tener una reunión con Randy.

James es gerente senior de Recursos Humanos. Si bien no estaba tan ocupado como los otros gerentes, reunirse con James no es una tarea fácil. Él le brindaría generosamente más tiempo del solicitado y estaría realmente interesado en sus ideas, pero es mejor que conozca lo que presenta. James habría leído cada palabra de su propuesta y habría preparado una lista de preguntas. Si su propuesta fuese sólida, se retiraría sintiéndose genial, aunque el precio a pagar sería una charla de 10 minutos sobre su carrera y sus objetivos profesionales. Esas no eran discusiones difíciles, pero si no hubiera hecho nada para alcanzar esos objetivos desde su última charla, se sentiría como un tonto, lo que le haría pensar que primero debería atender clases nocturnas.

Marjorie es gerente senior en Control de Calidad. Ella representa un papel clave en la compañía, sirviendo en más proyectos de equipo que nadie. Además, ella es los oídos del Presidente. Otros gerentes frecuentemente preguntaban: "¿Marjorie ya ha visto esto?", por lo que es muy respetada. Puede reservar tiempo con Marjorie, y ella está abierta a múltiples reuniones si necesita su opinión. Las paredes de la oficina de Marjorie están cubiertas con gráficos, incluidos los sistemas con los que su propuesta deberá encajar. No aprobaría nada que no estuviera alineado con el sistema de gestión de calidad y la estrategia comercial de la organización, por lo que necesitaba estar dentro del mismo.

¿Cómo adaptaría su enfoque a cada uno? ¿Qué necesita cada uno y cómo lo proporcionará?

Irene en Compras
- Necesidades:
- Tiene poco tiempo para:
- Clave para obtener su aprobación:

Randy en Ventas
- Necesidades:
- Tiene poco tiempo para:
- Clave para obtener su aprobación:

James en Recursos Humanos
- Necesidades:
- Tiene poco tiempo para:
- Clave para obtener su aprobación:

Marjorie en Control de Calidad
- Necesidades:
- Tiene poco tiempo para:
- Clave para obtener su aprobación:

Reflexione y anote algunas ideas en su libreta. Tenga en cuenta a Irene, Randy, James y Marjorie mientras revisamos este capítulo.

Tipos de Modelo de Personalidad

En términos de tipo de personalidad, existen muchos modelos que buscan explicar cómo nos diferenciamos.

Dichos modelos:

- Intentan desglosar el rango de tipos, para lograr entender qué es lo que los motiva.
- Ayudan a las personas a entenderse mejor a sí mismas para que puedan satisfacer sus necesidades en diferentes situaciones.
- Muestran por qué alguien puede comportarse de cierta manera, de modo que pueda adaptar su comunicación para que sea más probable que la persona lo escuche y se relacione con usted.
- Son particularmente valiosos para los equipos, ya que cuando se adopta un modelo, los miembros del equipo puedan entenderse mejor entre sí, lo que les permite obtener el máximo provecho de sus interacciones y trabajar de manera efectiva para maximizar los resultados.

Vuelva al ejercicio que acaba de realizar, donde reflexionó sobre sus amigos e identificó cuáles de ellos están orientados a resultados y cuáles son más relajados. El primero a menudo se conoce como Tipo A, mientras que el segundo se conoce como Tipo B. Este es solo un ejemplo.

Carl Jung, quien identificó las funciones de cómo percibimos (percepción e intuición) y cómo juzgamos (pensamiento y sentimiento), también examinó estos aspectos psicológicos en relación con la introversión y la extroversión.

A partir de estas causas, varios modelos comunes han evolucionado, incluidos DISC, Myers Briggs y más.

Estas son solo algunas de las muchas maneras en que nuestras diferencias como personas se organizan en modelos que nos ayudan a entendernos unos a otros.

Entre las otras maneras de diferenciar a las personas, existen modelos que incluyen:

- Actitudes psicológicas (introversión versus extroversión)
- Tipos psicológicos (cómo percibimos y juzgamos)
- Tipos de personalidad (orientado a la acción versus relajado)
- Rasgos de personalidad (cuán ansiosas, abiertas, agradables y pragmáticas son las personas)
- Temperamentos (lógicos, tácticos, idealistas, estratégicos)
- Estilos de pensamiento (analítico, organizado, innovador, espiritual)
- Estilos de aprendizaje (visual, auditivo y cinestético)
- Fortalezas (pensadores, hacedores, influyentes y relacionadores)

Los modelos se identifican tan a menudo por los nombres de sus creadores como por los nombres de teoría o siglas.

La cantidad de aspectos en los que se divide cada modelo depende de los conceptos subyacentes y de cómo hacerlos memorables (tercios, cuadrantes, quintos y dieciseisavos son comunes), y todos tienen títulos atractivos.

¿Existe un modelo "mejor"?

Tal vez –depende de a quién le pregunte.

Ninguno de estos modelos es inherentemente correcto o incorrecto; cada uno solo enfatiza diferentes aspectos de la personalidad, proporcionando nuevas formas de pensar sobre los distintos tipos de personas.

En lugar de prescribir cómo debe adaptarse a las personas según un modelo de tipo en particular, le mostraremos cómo adaptarse a las personas sin importar cómo pueden o no ser categorizadas.

Consejo: Es posible que ya esté familiarizado con un modelo de tipo de personalidad. Si es así, puede aplicarlo y usar lo que ya sabe junto con las siguientes sugerencias.

Adaptación al Tipo

Adaptarse al tipo es un proceso de dos partes:

- La primera parte es adaptar las cualidades únicas de una persona.

- La segunda parte es adaptar su enfoque basado en lo que ha observado.

La intención no es psicoanalizar a otros.

Más bien, la intención es ser consciente de las diferencias, identificar las señales y descubrir los intereses que mejor le permitirán ajustar su enfoque al tipo de persona con la que está tratando.

Cuando puede adaptar su enfoque a lo que las personas necesitan, lo que les interesa y lo que no les interesa, aumenta su probabilidad de ser escuchado y establecerá relaciones más sólidas.

En cierto sentido, puede ser un camaleón.

Adaptarse a las Respuestas - Ejercicio

Reflexione sobre estos diferentes tipos de personalidad y lo que les interesará o no. Si no está familiarizado con ninguno de los tipos, realice su mejor estimación.

¿En qué considera que estará interesado cada uno de estos 15 tipos de personas?

- Analítico
- Sociable
- Alguien que se preocupa por los valores
- Alguien con muchas ideas
- Creativo
- Alguien orientado a las tareas
- Alguien que se preocupa por divertirse
- Alguien que se preocupa porque todos se lleven bien
- Alguien que se preocupa por conectar a las personas
- Alguien que se preocupa por las finanzas
- Alguien que disfruta resolviendo problemas
- Lógico
- Líder firme
- Alguien que se preocupa por la comunidad
- Alguien que realiza las cosas

A la inversa, ¿qué tipo de información haría que estos mismos 15 tipos de personas dejen de prestar atención?

- Analítico
- Sociable
- Alguien que se preocupa por los valores
- Alguien con muchas ideas
- Creativo
- Alguien orientado a las tareas
- Alguien que se preocupa por divertirse
- Alguien que se preocupa porque todos se lleven bien
- Alguien que se preocupa por conectar a las personas
- Alguien que se preocupa por las finanzas
- Alguien que disfruta resolviendo problemas
- Lógico
- Líder firme
- Alguien que se preocupa por la comunidad
- Alguien que realiza las cosas

Estas son algunas de las formas en que puede adaptar su enfoque:

Elección del Tema

Concéntrese en lo que sería de mayor interés para la persona. Puede que tenga que adivinar, pero identificar su tipo de personalidad puede ayudarle a evitar hablar de cosas que podrían hacer que dejen de prestar atención.

Elección de Palabras

Adapte las palabras utilizadas. Use términos técnicos cuando hable con alguien con un nivel de educación superior, o con alguien que haya escuchado usando palabras más largas en la conversación. Para otros, apéguese a palabras más cortas que lleguen al punto. Evite la terminología a menos que se encuentre entre los de la misma profesión.

Variación del Tono

Puede ser útil variar el tono de su voz y la velocidad de su discurso con respecto a lo que está escuchando de la otra persona. Si alguien está hablando en voz baja y lentamente, refleje su tono. Evite hablar rápido o en voz alta.

Lenguaje Corporal Espejo

Mientras sea sutil, reflejar el lenguaje corporal de la otra persona puede hacer que sea más receptiva a usted. Si está sentado en una mesa y la otra persona se inclina hacia adelante, haga lo mismo. Si la otra persona se inclina hacia atrás, adopte una postura relajada.

Coincidencia de Humor

Si la otra persona se ríe y sonríe, por todos los medios, haga lo mismo. Si la otra persona es muy seria, o incluso severa, siga su ejemplo y use expresiones faciales moderadas. Esté atento a las señales a medida que la conversación fluye: si se vuelve más expresivo cuando se cierren los negocios, haga lo mismo.

Adaptándose a lo que las personas responden - Posibilidades

Anteriormente, usted identificó lo que haría o no apelando a 15 tipos diferentes de personas. Revise sus notas y compare sus pensamientos con lo siguiente. No hay respuestas correctas e incorrectas, solo preste atención a los temas.

Una persona analítica:

- Se interesa en los detalles
- Perderá el interés si habla de emociones

Una persona sociable:

- Le interesa cómo se sienten los demás
- Perderá el interés si menciona detalles minuciosos

Una persona que se preocupa por los valores:

- Estará interesada en escuchar sobre el significado de las cosas.
- Perderá el interés si habla de hechos.

Una persona de ideas:

- Estará interesada en conocer posibilidades.
- Perderá el interés si habla de lapsos de tiempo.

Una persona creativa:

- Estará interesada en escuchar acerca de cómo se creó algo.
- Perderá el interés si habla sobre lo que la gente piensa acerca de algo.

Una persona orientada a la tarea:

- Estará interesada en escuchar sobre metas y lapsos de tiempo.
- Perderá el interés si habla sobre recopilar comentarios.

Una persona que le interesa divertirse:

- Le interesará saber cómo se celebrarán los logros.
- Perderá el interés si habla de control de calidad

Una persona que se preocupa porque todos se lleven bien:

- Le interesará conocer cómo colaboran las personas.
- Perderá el interés si habla de investigación de mercado.

Una persona que se preocupa por conectar a las personas:

- Le interesará saber quién está involucrado.
- Perderá el interés si habla de metas y plazos.

Una persona que se preocupa por las finanzas:

- Le interesará conocer presupuestos y planes de contingencia.
- Perderá el interés si habla acerca de cómo recopiló comentarios.

Una persona que disfruta resolviendo problemas:

- Estará interesado en escuchar acerca del análisis FODA (Fortalezas, Oportunidades, Debilidades y Amenazas).
- Perderá el interés si habla de planes de implementación.

Una persona muy lógica:

- Estará interesada en escuchar sobre planes detallados de implementación.
- Perderá el interés si habla sobre a quién se le ocurrió una idea.

Una persona que es un líder firme:

- Le interesará escuchar sobre mensajes clave.
- Perderá el interés si habla sobre planes de proyecto.

Una persona que se preocupa por la comunidad:

- Estará interesada en escuchar sobre la participación de los miembros de la comunidad.
- Perderá el interés si habla sobre archivos de investigación.

Una persona que realiza las cosas:

- Estará interesada en conocer las metas del proyecto.
- Perderá el interés si habla sobre quién elaboró el plan.

Si bien nunca puede estar seguro, si presta atención a qué tipo de persona está tratando (o su mejor suposición) debe evitar los temas que hacen que la persona pierda interés.

Si nota que alguien está perdiendo el interés (interrumpiendo el contacto visual, mirando a su alrededor, con expresión aburrida), intente enfocarse en otro aspecto del asunto que está discutiendo o, mejor aún, cambie el tema. Este sería un buen momento para hacer una pregunta abierta que invitaría a la otra persona a hablar sobre un tema de interés.

La Propuesta – Posibles Adaptaciones

Volvamos a Irene, Randy, James y Marjorie. Revise sus notas sobre cómo podría adaptar su enfoque con cada una de ellas mientras busca la aprobación de su propuesta hipotética.

¿Tuvo alguna idea adicional al leer este capítulo? Si es así, tómese un momento para anotarlo.

Cuando esté listo, revisemos algunos enfoques posibles a considerar:

Irene en Compras:

- Necesidades: Cálculos, detalles financieros, tiempo para analizar.
- Tiene poco tiempo para: Explicaciones extensas.
- Clave para obtener su aprobación: Ser breve.
- Sugerencias: Solicitar dos reuniones con Irene, ambas cortas. Planear revisar la propuesta durante la primera reunión, y volver para responder sus preguntas y obtener su aprobación en la segunda reunión, si es necesario. Llevar una copia adicional del resumen ejecutivo, cálculos y detalles financieros.
- Sugerencia de saludo: Preparar un saludo que comunique cuánto valora su limitado tiempo, "gracias por recibirme, Irene. Espero que pueda ayudarme revisando los cálculos y datos financieros en mi propuesta de capacitación. Está lista para aprobación…"
- Sugerencia de conversación: Realizar un comentario que valide su limitado tiempo y atención a los detalles, por ejemplo, "programé una segunda reunión la próxima semana, por si es necesario, en caso de que requiera más tiempo para analizar los detalles que revisamos hoy…"

Randy en Ventas:

- Necesidades: Conocer el impacto en su equipo de Ventas y cuánto tiempo de capacitación será necesario.
- Tiene poco tiempo para: Banalidades.
- Clave para obtener su aprobación: Facilitar comprender rápidamente el programa, los beneficios y lo que se necesita de él.
- Sugerencias: Llevar una copia adicional del resumen ejecutivo a su reunión, indicar lo que se requiere al inicio. Prepararse para entrar y salir rápidamente, de ser necesario.
- Sugerencia de saludo: Preparar un saludo que exprese respeto por su limitado tiempo, como: "Buenos días Randy. Hoy solicito su aprobación para la propuesta de formación de reposicionamiento de marca. No debería llevar más de 5 minutos. Aquí está el resumen…"

- Sugerencia de conversación: Prepararse para brindar un resumen de 30 a 60 segundos, por ejemplo, "el programa tiene tres partes, las cuales respaldan la estrategia de reposicionamiento de marca. El coste es de $10K. A menos que tenga inquietudes acerca de ello, su aprobación de hoy significará la finalización de este trimestre".

James en Recursos Humanos:

- Necesidades: Conocer el impacto en el personal.
- Tiene poco tiempo para: Detalles financieros extrínsecos.
- Clave para obtener su aprobación: Una propuesta completa con todas las bases cubiertas.
- Sugerencias: Preparar un par de argumentos sobre lo que está causando la falta del programa. Llevar una copia adicional del resumen ejecutivo, en caso de ser necesario.
- Sugerencia de saludo: Preparar un saludo que establezca el escenario para sus intereses, como, "hola James. Estoy entusiasmado de hablarle acerca de cómo la nueva capacitación para el reposicionamiento de marca beneficiará a nuestros empleados..."
- Sugerencia de conversación: Preparar algunas preguntas abiertas que le permitan identificar los impactos, como, "¿cómo considera que este programa beneficia a nuestros empleados?" o "¿cuál considera que es la mayor ganancia en este programa?"

Marjorie en Control de Calidad:

- Necesidades: Entender cómo el programa se integra con LOS programas existentes.
- Tiene poco tiempo para: Detalles sobre las razones detrás del programa.
- Clave para obtener su aprobación: La facilidad con la que el programa puede integrarse con el Sistema de Gestión de Calidad.
- Sugerencias: Llevar una copia adicional del resumen ejecutivo y copias ampliadas de las 3 tablas. Usar un marcador para mostrar cómo se integraría el programa con el sistema de Calidad.
- Sugerencia de saludo: Preparar un saludo que valide sus intereses, como, "hola Marjorie, he estado esperando esta reunión.

Considero que tengo las razones en que el nuevo programa de capacitación se integrará con el sistema de Calidad, pero necesito su opinión..."

• Sugerencia de conversación: Preparar preguntas abiertas, tales como, "¿qué tan bien considera que este programa se integra con el sistema de Calidad? ¿Tiene alguna carencia?"

• Sugerencia adicional: Preparar una pregunta que asegure su apoyo, por ejemplo, "significaría mucho si usted apoyara este programa. No llevaría mucho tiempo, pero tener su nombre detrás de él ayudaría a una fácil implementación".

Si bien no existe una manera definitiva o correcta de manejar estas situaciones, esperamos que estos ejemplos le ayuden a considerar el rango de posibilidades.

A medida que concluimos este capítulo, ofrecemos algunos consejos útiles a tener en cuenta:

• Preste atención a las señales que brindan las personas sobre su tipo de personalidad y estilo de comunicación.

• Adapte su enfoque a la persona con la que se está comunicando para ayudarle a conectarse y transmitir su mensaje.

• Si alguien se encuentra en un estado emocional intenso, puede que no sea el mejor momento para intentar establecer una conversación.

• Sea sensible a las posibles diferencias culturales.

• No olvide que las diferencias de género podrían estar en juego.

Sugerencia: si le interesa aprender más sobre los tipos de personalidad, realice una búsqueda en Internet como punto de partida. Encontrará una gran cantidad de recursos que le permitirán profundizar en el tema.

¿Qué opina? ¿Reconoce diferentes tipos de personalidad en su lugar de trabajo o en su vida personal? ¿Cómo puede adaptar su enfoque para que se vuelva más efectivo al tratar con diferentes tipos de personas?

Casos de Estudio

- Al adaptarse al tipo, Rebecca aprendió a ser más concisa. Esto, a su vez, le ayudó a comunicarse claramente con aquellos que necesitaban detalles específicos. Lo anterior fue especialmente útil con Anthony en Contabilidad, ya que siempre solicitaba detalles directos.
- Larry obtuvo un nuevo respeto por su jefe, Ernie. Como prefiere involucrar a todos, deseaba que todos observaran el panorama general, Ernie requería mucho tiempo para lograrlo. Larry se volvió más paciente, y no solamente se enfocó en los detalles importantes, también aprendió algunas cosas.
- Chris aprendió a adaptarse a lo que su jefe, Ingrid, necesitaba para llegar al punto, y no dejarse intimidar por sus demandas. Se dio cuenta de que Ingrid no estaba desinteresada en su opinión, pero solo necesitaba que indicara los puntos destacados.
- Kelly descubrió que la práctica de identificar con quién estaría tratando y adaptarse a su estilo le ayudó a obtener resultados. Esto fue particularmente útil para responder a las personas que solían compartir sus sentimientos y adaptarse a los pensadores internos.

La Guía de Supervivencia para Introvertidos sobre Adaptación al Modelo

Adaptar su enfoque a lo que las personas necesitan, lo que son y lo que no les interesa aumentará su probabilidad de ser escuchado y establecerá conexiones más sólidas. En una palabra, sea un camaleón.

A continuación, presentamos algunas cosas que debe y no debe tomar en cuenta:

Sí

Adapte su enfoque a diferentes tipos de personas.

Adapte la elección de sus palabras a la persona.

Refleje el lenguaje corporal de la otra persona.

Corresponda el estado de ánimo de la otra persona.

Varíe su tono de voz para que iguale al de la otra persona.

No

NO intente psicoanalizar a otros.

NO hable sobre asuntos que causarán que la otra persona pierda el interés.

NO exagere con el reflejo del lenguaje corporal.

3 Claves para Recordar

CLAVE 1: Sea un camaleón.

CLAVE 2: Elija un tema de interés para la otra persona.

CLAVE 3: Evite los temas que harán que la otra persona pierda el interés.

Capítulo 8: Conociendo Desconocidos

"Los extraños son solo extraños hasta que los conoces. Entonces son nuevos amigos".

Anónimo.

Ser Accesible

Antes de que pueda conocer gente, debe ser accesible.

Si no indica que está interesado en alguien, no lo sabrá. Por esta razón, no espere a que alguien se acerque.

Comience demostrando que está abierto e interesado en conocer gente.

En lugar de ocultar su rostro en su teléfono, adopte una postura de cuerpo abierto, ponga una sonrisa en su cara y mire alrededor del lugar.

Párese en algún sitio donde la gente camine (cerca del bar siempre funciona). Simplemente saludar a más personas le hace más accesible.

Iniciativas de Conversación

Tener una línea de apertura simple, como "hola, ¿cómo estás"

Los cumplidos siempre funcionan. "Qué lindo bolso. ¿Dónde lo obtuviste?"

Busque las similitudes y destáquelas. Si ve a alguien bebiendo el mismo tipo de cerveza, es una oportunidad.

Mientras conversa con alguien o con un grupo de personas, y alguien menciona que les gusta o que no les gusta algo como a usted, resalte la similitud. Por ejemplo, "¡Lo sé! ¡También me encanta ese espectáculo!".

Si quiere hablar con alguien, no lo piense demasiado. Solo sonría, realice contacto visual y salude.

Consejos de Conversación

A continuación, mostramos algunos consejos adicionales para conocer a alguien por primera vez:

- Use sus manos. Esto no solo es expresivo, sino que mostrar sus manos muestra confiabilidad.
- Al hacer contacto visual, observe lo suficientemente profundo en los ojos de la otra persona para distinguir el color de sus ojos. Pero solamente por un instante, ¡ya que no desea que lo consideren acosador!
- Abrace sus imperfecciones – esto lo hace reconocible.
- Es adecuado usar el humor autocrítico, pero no sea tan severo.
- Preguntar "por qué" es una excelente manera de mantener la conversación.
- Decir, "eso me recuerda a…" como una manera de dirigir la conversación en una nueva dirección.

- Puede repetir las últimas palabras que una persona mencionó, reflejándolas, para animarle a decir más.
- Evite usar jergas.
- Busque señales en la conversación – si nota que la persona levanta una ceja, es una señal de que está interesada en lo que acaba de decir.

Conversando en Grupos

Dependiendo de dónde se encuentre, puede encontrarse conversando en pequeños grupos de personas.

Si se está uniendo a un grupo, realice una pregunta o construya un puente. "¿Cómo se conocen?" funciona bien.

Cuando presenta a alguien, un poco de entusiasmo está bien, "¡Esta es Mary, y es la Gestora de Proyectos más increíble que he tenido!"

Sugerencia: Si ve a dos personas en una conversación y sus pies están girados hacia adentro, esta es una señal de que están comprometidos en una conversación que no quieren que interrumpa. Esta es una postura natural.

Si está conversando con alguien y está abierto a que otros se unan a la conversación, gire sus pies conscientemente hacia afuera. Esto indicará a otros que es accesible.

Finalizando una Conversación

Si está teniendo una gran conversación, por todos los medios, continúe.

Pero si está listo para seguir adelante, es útil tener una estrategia para concluir una conversación.

Puede lograrlo haciendo una pregunta sobre planes futuros, como qué hará la persona más adelante, este fin de semana o en sus vacaciones.

Esto crea la oportunidad para que pueda hacer una salida elegante, como: "Fue genial conocerle hoy. Mucha suerte en su próximo movimiento".

50 Iniciativas de Conversación

A veces, todo lo que necesita es una buena pregunta para que alguien hable.

Explore la lista a continuación y seleccione media docena de preguntas que podría imaginarse preguntando. A continuación, vuelva a escribirlas en sus propias palabras y convierta las preguntas cerradas en preguntas abiertas.

1. ¿Cómo se relaja fuera del trabajo?

2. ¿Cuál es su pasatiempo favorito?

3. ¿Cuáles son sus pasatiempos?

4. ¿Cuál es su secreto para aliviar el estrés?

5. ¿Cuál es su obsesión?

6. ¿Quién es su banda favorita? ¿Por qué?

7. ¿Quién es su cantante favorito? ¿Por qué?

8. ¿Quién es su cantautor favorito? ¿Por qué?

9. ¿Quién es su comediante favorito? ¿Por qué?

10. ¿Quién es su actor favorito? ¿Por qué?

11. ¿Quién es su actriz favorita? ¿Por qué?

12. Si algo se rompe, ¿intenta arreglarlo o simplemente obtiene uno nuevo?

13. Hábleme de sus mascotas.

14. ¿Qué es lo mejor de su trabajo?

15. ¿Qué es lo que más le agrada de su jefe?

16. ¿Qué asignatura le gustó más en la escuela?

17. ¿A qué universidad asistió? ¿Qué estudió?

18. ¿Cuál era su hobby de niño?

19. ¿Cómo se describiría en pocas palabras?

20. ¿Cuál es su gadget favorito?

21. ¿Qué tecnología cambió su vida?

22. ¿Qué es lo que todavía tiene y usa que es realmente antiguo?

23. Si pusiera su nombre en un negocio, ¿qué tipo de negocio sería?

24. ¿Cuál sería su lema para su negocio?

25. ¿Cuál es su lema personal?

26. ¿Dónde se ubicaría en la escala organizado / desorganizado?

27. ¿Qué hace para organizarse? ¿Cómo se mantiene organizado?

28. ¿Todavía tiene un calendario impreso o utiliza el informatizado? ¿O una mezcla de ambos?

29. ¿Alguna vez ha hablado en público? ¿Cuál fue su mayor audiencia? ¿Cuál fue su tema?

30. ¿Alguna vez ha cantado en público? ¿Cuál fue su mayor audiencia?

31. ¿Alguna vez ha hecho comedia de pie? ¿Cómo fue?

32. ¿Quién influyó más en su vida?

33. ¿Con quién se encontró al azar en su vida que terminó siendo muy importante de alguna manera?

34. ¿Cuál fue la coincidencia más extraña en su vida?

35. ¿Ha experimentado un déjà vu?

36. ¿Qué desencadena sus recuerdos?

37. ¿Cuál es su comida reconfortante?

38. ¿Se topa a menudo con gente que conoce? ¿O no? ¿Alguna vez se pregunta sobre ello?

39. ¿Cuánto sueño necesita? ¿Cuánto duerme?

40. ¿Le gustan las siestas? ¿Por qué?

41. ¿Alguna vez se ha quedado despierto toda la noche?

42. ¿Cuál es su época favorita del año?

43. ¿Prefiere la primavera o el otoño? ¿Verano o invierno?

44. ¿Qué es algo con lo que no puede vivir?

45. ¿Cuál fue la peor parada de aeropuerto que ha experimentado?

46. ¿Cuál fue la mejor parada de aeropuerto que ha tenido?

47. ¿Dónde prefiere sentarse en un avión?

48. ¿Qué lleva siempre cuando viaja?

49. ¿Experimenta el jet lag? Si no, ¿cuál es su secreto?

50. ¿Qué tipo de cosas le ponen nervioso?

A medida que concluimos este capítulo, presentamos algunos consejos útiles para tener en cuenta:

- Recuerde que las personas que conoce, pueden estar nerviosas también.
- Siempre esté listo con una o dos preguntas abiertas.
- Tenga un plan de juego en marcha.

¿Qué opina? ¿Se siente un poco más cómodo al conocer a desconocidos? ¿Puede ver cómo estas técnicas le ayudarán a sentirse más cómodo cuando se encuentre con nuevas personas? ¿Cuáles son las tres o cuatro cosas que hará de manera diferente?

Casos de Estudio

- Rebecca descubrió que las estrategias para conocer desconocidos le ayudaron a superar su ansiedad al tener un lugar donde comenzar. Ahora se siente confiada en que tendrá algo que decir y algo interesante que preguntar, lo que significaba que se olvidaba de sí misma y solo sentía curiosidad por saber a quién conocería.

• Larry descubrió que estaba conociendo a más personas en las reuniones simplemente usando las iniciativas de conversación. Incluso lo disfruta, probando las diferentes iniciativas para considerar cuál sería la mejor opción.

• Chris aprendió a no sentirse totalmente intimidada cuando conoce desconocidos. Todavía era una brecha, pero las dos iniciativas de conversación que memorizó salvaron su día más de una vez.

• Kelly siempre había sido bueno conociendo gente, pero descubrió que los participantes de la conversación le dieron nuevas formas de dirigir las cosas en una dirección diferente.

La Guía de Supervivencia para Introvertidos sobre Conocer Desconocidos

Ahora está preparado con todo lo que necesita para conocer desconocidos.

Enlistamos algunas cosas que debe tener en cuenta:

Sí

Brinde la señal de que es accesible.

Busque similitudes.

Sea generoso con los cumplidos.

No

NO intente hablar con dos personas que están charlando si sus pies están girados el uno hacia el otro.

NO trate de ser perfecto.

NO esconda las manos

3 Claves para Recordar

CLAVE 1: Sea accesible.

CLAVE 2: Construya puentes.

CLAVE 3: Sea auténtico.

Capítulo 9: Hacer que la Gente Hable

Antes de comenzar, tome una página en blanco en su libreta y escriba lo siguiente. Se utilizará para un ejercicio de 2 partes.

Sugerencia: es posible que necesite mucho espacio para escribir, así que distribúyalo en algunas páginas si lo prefiere.

UNO.

1:

2:

3:

DOS.

1:

2:

3:

Continúe de esta manera hasta TENER espacio para 13 elementos en su libreta, de esta manera:

⬇

TRECE.

1:

2:

3:

¿Qué le Hace Hablar? – Ejercicio Parte 1

¿Cuáles son las cosas sobre usted que, si se le hiciera la pregunta correcta, le daría mucho de qué hablar?

Sugerencia: piense en lugares que ha visitado, gente famosa que ha conocido, pasatiempos inusuales, logros únicos (¿ha escrito un libro? ¿Tiene un blog? ¿Perdió alguna vez algo importante? ¿Tiene una coincidencia extraña? ¿Tiene una de las experiencias más memorables en su vida debido a una casualidad? ¿Tiene un artista al que sigue? ¿Tiene una historia de un desastre en la cocina? ¿Ha quedado varado en alguna parte? ¡Piense, piense, piense...!).

En su libreta, retire la hoja de trabajo que acaba de crear y escriba una nota sobre cada historia junto a los números en mayúsculas (UNO, DOS, TRES...), de la siguiente manera:

UNO. ← Escriba su primera anécdota aquí

1:

2:

3:

DOS. ← Escriba su segunda anécdota aquí

1:

2:

3:

Y continúe de esa manera. Sí, incluso hay espacio para 13 historias en su hoja, ¡en caso de que piense en una más y quiera convertirla en una docena más!

No necesita escribir cada historia en detalle, solo unas pocas palabras para refrescar su memoria serán suficientes.

¿Qué le Hace Hablar?? – Ejercicio Parte 2

Ahora, regrese a su lista. ¿Cuáles son las preguntas que alguien podría hacerle que pueden generar cada una de sus historias en respuesta?

En caso de que se pregunte cuál es el punto, este ejercicio está diseñado para ayudarle a crear sus propias iniciativas de conversación que podrían generar magia con las personas que conoce. Siga el juego... ¡es para su beneficio!

SU PRIMERA ANÉCDOTA.

1: ← Escriba su primera pregunta aquí

2: ← Escriba su segunda pregunta aquí

3: ← Escriba su tercera pregunta aquí

Y continúe.

Su meta es escribir de 2 a 3 preguntas por cada anécdota.

Hacer que los Demás Hablen

Recuerde que a la gente le encanta hablar sobre sí misma, por lo que, si recibe un saludo cordial y amable y hace preguntas abiertas, se encontrará involucrado en una conversación.

No olvide que dominar las preguntas abiertas es su CLAVE SECRETA para que las personas conversen con usted.

Al realizar preguntas a las personas sobre ellos mismos y mostrarse interesado, querrán conversar con usted.

No olvide asentir con la cabeza. Como se presentó anteriormente, un "triple asentimiento" cuando alguien deja de hablar indicará que está esperando que continúe.

Iniciativas Mágicas de Conversación

Remítase a las historias que identificó sobre usted y las preguntas que surgieron para ello.

De su lista, seleccione de 3 a 5 preguntas que considera que serían particularmente útiles para que otras personas hablen sobre sus experiencias.

Escríbalas en una página nueva, para que sean fáciles de encontrar y leer para referencia futura.

1.
2.
3.
4.
5.

La próxima vez que vaya a un evento, revise sus Iniciativas Mágicas de Conversación y seleccione una o dos que planee usar.

Consejo: imprima sus iniciativas de conversación y colóquelas en su billetera, o tome una fotografía con su teléfono.

Bonus: 100 Iniciativas de Conversación Adicionales

Relájese leyendo la siguiente lista de 100 iniciativas de conversación adicionales. Es importante hacerlas "suyos", así que adáptelas a sus intereses y anote las que se le presenten.

Sugerencia: esté atento a las preguntas cerradas a continuación y desafíe a sí mismo a reescribirlas en preguntas abiertas que le parezcan naturales.

1. ¿Qué tendencia echa de menos?

2. ¿Qué cosa sorprendente guarda en su billetera o cartera?

3. ¿Qué persona famosa ha conocido? Cuénteme la historia.

4. ¿A qué persona famosa le gustaría haber conocido?

5. ¿Qué persona famosa estuvo a punto de conocer?

6. ¿Alguna vez ha experimentado algo que no puede explicar?

7. ¿Cómo supera la tristeza?

8. ¿Prefiere pasar tiempo con los demás o a solas?

9. ¿Empaca ligero o lleva tanto como puede?

10. ¿Le gustan las vacaciones en la playa? ¿Por qué?

11. ¿Cuántos libros hay junto a su cama? ¿Cuáles son?

12. ¿Lleva material de lectura consigo?

13. Si llega 10 minutos antes a una reunión. ¿Cómo pasa su tiempo?

14. ¿Cuál es una organización benéfica en la que ha estado involucrado?

15. ¿Qué producto fue desmarcado que desea que esté de vuelta?

16. ¿Qué invento le gustaría tener?

17. ¿Qué tipo de cosas levantan su ánimo? ¿Por qué?

18. ¿Qué película le sorprendió? ¿Por qué?

19. ¿Cuál fue la peor película que ha visto? ¿Por qué?

20. ¿Cuál fue la mejor película que ha visto? ¿Por qué?

21. ¿Qué documental me recomienda?

22. ¿Cuál es su talento especial?

23. ¿Cuál es su mayor indulgencia?

24. ¿Alguna vez ha estado atrapado en un ascensor?

25. ¿Toma transbordo? ¿Le agrada?

26. ¿Cuál es su historia de transbordo más extraña?

27. ¿Compra boletos de lotería? ¿Alguna vez ha ganado?

28. ¿Todavía tiene televisión por cable?

29. ¿Todavía tiene un teléfono fijo? ¿Por qué?

30. ¿Cuál es el mejor regalo que alguien le haya hecho?

31. ¿Cuál es el regalo que estaba más emocionado de dar?

32. ¿Le gusta planificar con anticipación sus viajes o prefiere dejar que las cosas se desarrollen?

33. ¿Conduce un auto estándar o un automático? Si ambos, ¿cuál prefiere?

34. ¿Tiene auto? ¿Lo posee o lo alquila?

35. ¿Cuál era su auto favorito?

36. ¿Cuál fue su primer auto?

37. ¿Alguna vez ha participado en algún tipo de cooperativa de automóviles u otro servicio para compartir automóviles?

38. En su experiencia, ¿cuál fue la mejor caricatura jamás realizada?

39. ¿Le gusta leer? ¿Cuál es su género favorito?

40. ¿Qué está leyendo ahora?

41. ¿Prefiere leer libros físicos "reales" sobre otros formatos?

42. ¿Alguna vez ha leído un libro electrónico? ¿Qué le gusta de los libros electrónicos?

43. ¿Escucha audiolibros? ¿Los disfruta igual o diferente de los libros físicos?

44. Si lee libros físicos, ¿los compra nuevos? ¿Usados? ¿O los obtiene de la biblioteca?

45. Tiene una hora libre. Hay una cafetería y una biblioteca ¿hacia dónde se dirige?

46. ¿Cuántos libros lee por semana / mes / año?

47. ¿Cuál es el mejor libro que ha leído en el último año?

48. ¿Tenía su propia habitación cuando era niño o la compartía?

49. ¿Alguna vez ha vivido solo? ¿Cuál es el tiempo más largo que ha vivido solo?

50. ¿Qué noticias está siguiendo en estos días?

51. ¿Cuál fue el viaje más interesante que ha hecho?

52. ¿Practica algún arte? ¿Pinta o dibuja?

53. ¿Es fanático del arte? ¿Quiénes son sus artistas favoritos?

54. ¿Visita galerías de arte y museos cuando viaja?

55. ¿Cuál es el mejor museo que ha visitado?

56. ¿Alguna vez ha estado en Nueva York? ¿Cuándo y qué le agradó?

57. ¿Le gustan los espectáculos al estilo de Broadway? ¿Cuál es el mejor que ha visto?

58. ¿Alguna vez asiste a obras de teatro? ¿Cuál es la más memorable que ha visto?

59. ¿Alguna vez ha hecho alguna actuación? ¿Qué tal en la escuela?

60. ¿Alguna vez ha citado a Seinfeld?

61. ¿Tiene una película favorita que le gustaría volver a ver de vez en cuando?

62. ¿Es usted una persona que contesta su teléfono celular todo el tiempo? ¿O simplemente lo usa para llamadas salientes?

63. ¿Alguna vez ha navegado? ¿Qué le agradó de esa experiencia?

64. ¿Cuál es la mejor playa en la que ha estado?

65. ¿Alguna vez ha estado en un juego deportivo profesional?

66. ¿Ha estado alguna vez en los Juegos Olímpicos? ¿Cómo fue la experiencia?

67. ¿Ve los Juegos Olímpicos? ¿Qué prefiere: los Juegos Olímpicos de verano o los de invierno?

68. ¿Le gustan los Juegos Paralímpicos?

69. ¿Alguna vez ha estado en Expo? Si es así, ¿en qué año?

70. ¿Quién le inspira?

71. ¿Alguna vez se salió de la red?

72. ¿Qué prefiere, baños o duchas?

73. ¿Coca-Cola o Pepsi?

74. ¿En qué tipo de hotel le gustaría hospedarse?

75. Cuando viaja, ¿prefiere un pueblo pequeño o una gran ciudad?

76. Cuando viaja, ¿planea con anticipación los restaurantes en los que va a cenar? ¿O simplemente toma las cosas a medida que avanzan?

77. ¿Qué es lo que más le gusta de las grandes ciudades?

78. ¿Qué es lo que menos le gusta de las grandes ciudades?

79. ¿Alguna vez ha planeado un viaje solo para ver una exposición en un museo? Cuénteme sobre ello.

80. ¿Alguna vez ha planeado un viaje solo para ver una obra de teatro o una producción teatral? ¿Qué era?

81. ¿Alguna vez ha planeado un viaje solo para ir a un concierto? ¿Cómo fue su experiencia?

82. ¿Alguna vez planearía un viaje solo para ver un evento deportivo?

83. ¿Corre maratones?

84. ¿Alguna vez ha planeado un viaje alrededor de una maratón u otro evento en el que haya competido?

85. ¿Alguna vez ha asistido a una conferencia internacional? ¿Dónde fue? ¿Qué fue particularmente interesante al respecto?

86. Pizza hawaiana. ¿Sí o no?

87. ¿Tiene una organización benéfica favorita que apoya?

88. ¿Cuál es la cosa más vergonzosa que le ha pasado?

89. ¿Es un bromista práctico? ¿Gasta bromas? ¿Cuál es la mejor broma que ha hecho?

90. ¿Cuál es la mejor broma que alguien le haya gastado a usted?

91. ¿Alguna vez le han engañado en el Día de los Inocentes?

92. ¿Alguna vez ha engañado a alguien más en el Día de los Inocentes?

93. ¿A qué asociaciones profesionales pertenece?

94. ¿Cuáles son sus aspiraciones profesionales?

95. ¿Cuáles son sus planes de jubilación?

96. ¿Prefiere comenzar el día con té o café?

97. ¿Alguna vez ha realizado un curso en línea? ¿De qué era?

98. ¿Es su ordenador principal un PC o un Mac?

99. ¿Tiene GPS en su automóvil?

100. ¿Alguna vez ha perdido su auto en un estacionamiento?

Al concluir este capítulo, ofrecemos algunas sugerencias útiles a tener en cuenta:

- Recuerde que las preguntas interesantes son la clave para que la gente hable.
- ¡Intente el triple asentimiento para que continúen hablando!

¿Qué opina? ¿Entiende cómo funciona la naturaleza humana cuando le pide a la gente que hable de sí misma? ¿Está inspirado para intentarlo?

Casos de Estudio

- Rebecca notó una gran mejora una vez que comenzó a preguntarle a la gente sobre sí mismos. Las cosas ya no se tornaban incómodas al terminar la conversación si conocía a alguien nuevo.
- Larry comenzó a disfrutar sus nuevas habilidades para tener conversaciones más enriquecedoras en eventos de networking.
- Chris aprendió estrategias para hacer que otros hablen más y ella pueda distraerse. También conoció personas muy interesantes.
- Kelly perfeccionó sus habilidades para obtener más provecho de las interacciones comerciales.

La Guía de Supervivencia para Introvertidos para Hacer que la Gente Hable

Prepárese para que las personas que conozca hablen con usted planificando con anticipación.

Aquí hay algunas cosas que se deben tener en cuenta:

Sí

Realice preguntas abiertas.

Prepare preguntas que inciten a las personas a abrirse.

Realice preguntas diseñadas para que las personas compartan sus anécdotas.

Use el triple asentimiento.

No

NO haga preguntas que se realicen comúnmente.

NO haga preguntas cerradas.

3 Claves para Recordar

CLAVE 1: Tenga listas sus preguntas para iniciar conversaciones.

CLAVE 2: Adopte una postura de cuerpo abierto.

CLAVE 3: Escuche activamente.

Capítulo 10: Incrementando su Simpatía

"El impulso más profundo en la naturaleza humana es el deseo de ser importante".

John Dewey

El Deseo de Ser Importante - Ejercicio

Comenzamos este capítulo con una cita de John Dewey, el psicólogo y filósofo estadounidense:

Tómese unos minutos para contemplar las palabras de Dewey y pregúntese cómo puede usar este sentimiento para tener éxito en la conversación.

Tome algunas notas y volveremos a esto más adelante.

El Mito del Carisma

Olvídese de Hollywood y de lo que creía haber aprendido sobre el carisma. Las personas más carismáticas no son las que siguen hablando sobre sí mismas. ¡Así que no sea un narcisista conversacional!

La gente realmente no está interesada en escucharle hablar sobre sí. ¡Lo que más les interesa es hablar de sí mismos!

Ser Simpático

Lo más importante es pensar en cómo lograr que la otra persona hable.

Debería ser obvio, pero no insulte a la otra persona y no actúe como un acosador (evite las preguntas personales y las miradas insistentes).

No se sienta superior. No se jacte. No alardee. Mejor aún, no hable de usted.

Finalmente, no cotillee, hable mal de los demás o "mire desde arriba" para ver con quién podría ser más interesante hablar (!).

El Deseo de Ser Importante - Posibilidades

"El impulso más profundo en la naturaleza humana es el deseo de ser importante".

John Dewey

Al inicio del capítulo, reflexionó sobre la cita anterior de John Dewey y cómo se puede utilizar este sentimiento para tener éxito en la conversación.

Tal vez pensó lo siguiente:

- Si le pregunta a alguien acerca de sí mismo, puede abrirse a usted.
- Si expresa interés genuino en alguien, puede compartir sus anécdotas especiales con usted.
- Si continúa demostrando su interés, mediante su lenguaje corporal y preguntas de seguimiento, sentirán el brillo de importancia al que hace referencia Dewey.

- Al estar interesado en la otra persona de esta manera, usted le agradará.
- Por lo tanto, preguntar a las personas sobre sí mismas en la conversación es la clave para la simpatía.

Al finalizar este capítulo, ofrecemos algunas sugerencias útiles a tener en cuenta:

- Siempre es mejor ser quien hace las preguntas.
- Para demostrar genuinamente interés en otra persona, use su lenguaje corporal, contacto visual y preguntas de seguimiento.
- Como a usted– a la gente le agrada alguien que se agrada a sí mismo y tiene alta autoestima.

¿Qué opina? ¿Qué piensa sobre el impacto de la simpatía en sus interacciones? ¿Considera que puede aumentar su simpatía? ¿Cómo puede lograrlo mientras se mantiene fiel a sí mismo?

Casos de Estudio

- Un poco ambivalente, ya que no se preocupaba si le agradaba a la gente o no, Rebecca se dio cuenta de que la simpatía le ayudaría a mejorar su comunicación y resultados.
- Larry nunca antes había pensado en la simpatía. Con los ojos abiertos, descubrió que le gustaba analizar la simpatía de los demás.
- Chris se dio cuenta de que ella era más agradable de lo que pensaba.
- Kelly pensó que esto era principalmente una suposición, pero luego se dio cuenta de que respondía de manera distinta a quienes se presentaban como simpáticos.

La Guía de Supervivencia para Introvertidos sobre la Simpatía

Ahora que hemos eliminado el mito de Hollywood sobre el carisma e identificado que lo que más interesa a la gente es hablar de sí mismos, la puerta está abierta para que aumente su simpatía.

Aquí algunas cosas que se deben tener en cuenta:

Sí

Exprese un interés genuino en los demás.

Realice una pregunta que invite a alguien a compartir su historia con usted.

No

¡NO sea un narcisista conversacional!

NO cotillee.

NO hable mal de los demás.

NO "mire por encima" para encontrar a alguien más interesante con quien hablar.

NO lo olvide: no puede complacer a todos.

3 Claves para Recordar

CLAVE 1: Si hace que una persona se sienta importante, le agradará.

CLAVE 2: Nos agradan las personas a quienes agradamos.

CLAVE 3: Sea auténtico.

Capítulo 11: Encontrar su Voz

Este capítulo explorará cómo encontrar su voz en tres principios diferentes:

- Literalmente, en términos de tono de voz, volumen, velocidad, inflexión, etc.
- Metafóricamente, en la confianza para hablar con autenticidad.
- En el poder de contar historias.

Debido a que los anteriores son temas generales y los dos últimos van más allá del alcance de este libro, estos son principalmente puntos de partida para que pueda comenzar su propia exploración.

Tono de Voz

Como se mostró en el capítulo 6, titulado Comunicación No Verbal, el tono de voz de un hablante puede tener un gran impacto en el mensaje que escucha el oyente.

Como recordará, los mensajes son transmitidos por:

- Palabras dichas: 10%
- Tono de voz: 40%
- Lenguaje corporal: 50%

Entonces, aproximadamente el 40% de un mensaje es transmitido por el tono de voz del hablante.

Un tono de voz que sea alto, silencioso, severo, alegre, bajo, alto, rápido o lento afectará lo que el oyente escucha del hablante.

Las Noticias del Día – Ejercicio

Consulte las noticias de hoy. Si tiene un periódico, mejor. Si no es así, conéctese en línea para encontrar una noticia que le interese. Seleccione una historia que no sea demasiado negativa o positiva. Quizás una historia de interés humano o una reseña de una obra de teatro.

Una vez que haya elegido una historia, léala en voz alta ocho (8) veces y observe cómo su tono cambia el mensaje.

Consejo: si hay alguien en casa o en el trabajo que puede hacer este ejercicio con usted, lo encontrará más esclarecedor. Incluso un amigo puede hacerlo por teléfono con usted.

Tome notas sobre el diferente significado que notó cuando leyó la historia:

Ruidosamente

Suave / silenciosamente

Severamente

Alegremente

Con un tono de voz bajo

Con un tono de voz alto

Con rapidez

Despacio

La Gama Completa - Ejercicio

¿Qué considera que pueden significar estas variaciones en la voz?

Hablar rápido

Hablar despacio

Hablar fuerte

Hablar en voz baja

Chillar

Gritar

Susurrar

Volumen de voz fluctuante

Desvanecerse

Tartamudeo

Hablando vacilantemente

Cantar

Hablar enfáticamente (palabras resaltadas)

Murmurar

Usar un tono de voz áspero

Usar un tono de voz acusador

Usar un tono de voz suave

Usar un tono de voz amigable

Usar un tono de voz hostil

Usar un tono de voz sarcástico

Al estar abierto a la interpretación, y cómo varía según el mensaje, el hablante y el oyente, no existen respuestas definitivas. El propósito es ser consciente de las muchas maneras en que un mensaje puede ser alterado por la forma en que se habla.

Metafóricamente hablando

En literatura, encontrará muchas referencias de cuando alguien "encuentra su propia voz".

Esto generalmente se refiere a cuando alguien avanza en su propio desarrollo personal para tener confianza en lo que cree y está en un lugar donde puede hablar con autenticidad acerca de estas creencias. Cuando esto se une, decimos que una persona ha encontrado su voz.

Encontrar su Voz - Ejercicio

¿Dónde se encuentra en el viaje de encontrar su voz? ¿Qué tan seguro está de sus creencias? Al hablar de ello, ¿se encuentra hablando con autenticidad? ¿O todavía tiene un largo camino por recorrer en este viaje? Puede descubrir que ha encontrado su voz en un aspecto de su vida, pero no en otro.

Dedique algo de tiempo para escribir sobre estas preguntas.

Consejo: Puede descubrir que vuelve al tema de encontrar su voz con el tiempo a medida que evolucionan sus creencias.

Narración

Solo necesita mirar a su alrededor para encontrar referencias a historias y narraciones. Es como el antiguo arte del narrador que ha resucitado en los tiempos modernos.

Encontrará ejemplos profundos de narración de historias en memorias, blogs, podcasts y en su comunidad.

Encontrará ejemplos menos profundos, pero no necesariamente menos significativos, de narración de historias en sus noticias de redes sociales.

Independientemente del formato, lo más probable es que los introvertidos estén detrás de muchas o de la mayoría de estas historias, ya que los introvertidos son nuestros escritores y quienes conectan los puntos para el resto de nosotros.

Narración en su Vida – Ejercicio

Elija uno de los métodos de narración mencionados anteriormente para explorar u otro de su elección.

Pase un tiempo leyendo y escuchando las historias que encuentre.

Mientras lo hace, reflexione sobre cómo puede incorporar la narración a su vida, ya sea para aprender más sobre los demás o para compartir su historia.

Disfrute del viaje.

Al concluir este capítulo, presentamos algunas sugerencias útiles a tener en cuenta:

- El tono de voz puede significar diferentes cosas, para diferentes personas, en diferentes contextos.
- Si está interesado en aprender más sobre el tono de voz en particular, puede encontrar videos en YouTube como un excelente recurso, porque puede escuchar al orador.

¿Qué opina? ¿Su voz impacta en el mensaje que envía? ¿Necesita trabajar con su voz para lograr una mayor efectividad? ¿Cómo? ¿Necesita hablar más alto, más suave, con más inflexión? ¿Cómo puede aplicar estas habilidades al hablar?

Casos de Estudio

- Rebecca encontró su voz y aprendió a influir en el proceso para tener oportunidad de contribuir con sus ideas. Esto le ayudó a reducir el estrés, y se encontró más abierta a los demás y sus ideas.
- Larry no consideró que necesitaba "encontrar su voz", pero de hecho había realizado grandes avances en los eventos de interacción, grandes y pequeños. Se sintió más cómodo en grupos mayores.
- Esta fue un área de gran crecimiento para Chris, ya que encontró maneras de asegurarse de que la escucharan y obtuviera la satisfacción de que se tomara en serio su opinión. Chris pudo notar rápidamente un cambio positivo importante en su trabajo como resultado de su aporte.
- Tras encontrar su voz, Kelly usó los consejos para perfeccionar sus habilidades de narración.

Capítulo 12: Interacción 101

Natalie y Nettie asistieron a una subasta silenciosa. Como ambos eran introvertidos y estaban tratando de mejorar en ello, decidieron separarse para poder conocer a diferentes personas.

Natalie: "Estuvo bien, pero las pequeñas charlas me desesperan. Estaba tan aburrida".

Nettie, "¿En serio? Me lo pasé genial. Pero, de nuevo, soy muy rebelde. Un tipo me hizo una pregunta sobre el clima, así que fingí que me preguntó sobre la última vez que perdí mi auto en un estacionamiento, que fue la semana pasada, y respondí eso en su lugar. Resulta que lo ha hecho dos veces. Nos reímos mucho, luego tuvimos una buena conversación sobre los autos".

Un buen lugar para comenzar nuestra discusión sobre la interacción es pensar en sus amigos y colegas que ha visto en situaciones de interacción. ¿Cuáles son sus observaciones? ¿Parecen estar divirtiéndose? ¿Están conociendo gente nueva? ¿O simplemente están saliendo con el círculo habitual?

Ahora piense en desconocidos que haya observado en los eventos, aparentemente estableciendo contactos con facilidad. ¿Qué ha notado específicamente sobre estas personas? ¿Qué le hace pensar que están cómodos?

Es fácil suponer que todos los demás en un evento lo están pasando bien, pero consuélese sabiendo que no tiene idea de quién más puede estar fingiendo.

Solitario, Socializador, y Experto

Puede ser útil dividir a los participantes de eventos de interacción en tres categorías generales:

Solitario

Si está leyendo este libro, probablemente no necesite mucha explicación de los solitarios.

Socializador

Estas son aquellas personas que se desarrollan en el medio, y no es un mal lugar para estar. En su mayor parte, los socializadores pueden llegar con calma a un evento, presentarse a los demás con relativa facilidad y entrar y salir de las conversaciones cuando sea necesario. Este es su objetivo.

Experto

Estos son los ases de interacción que imagina flotando a través del evento con facilidad, conociendo a todos o presentándose a alguien nuevo. Las cosas no siempre son lo que parecen, y estas personas pueden cometer muchos errores (como dominar la conversación, olvidarse de compartir detalles de contacto o beber demasiado). Pero este no es su objetivo.

No necesita 'ases' en los eventos. Solo necesita calmar sus mariposas internas y hacer que vuelen en formación. Y sí, es posible transformarse de un solitario a un socializador.

Autoevaluación de Habilidades de Interacción

Tómese unos minutos para reflexionar sobre sus habilidades de interacción.

1. Asiste a un evento con oportunidades para establecer contactos. Usted:

a) ¿Asiste y ve qué ocurre?

b) ¿Tiene una o dos metas en mente?

c) ¿Desarrolla una estrategia de interacción?

2) Mientras cuelga su chaqueta, hay 3 o 4 personas haciendo lo mismo. Usted:

a) Se mantiene ocupado

b) Comienza una conversación informal sobre el clima

c) Se presenta

3. Un mesero se acerca con una bandeja de copas de champaña. Usted:

a) Acepta una, esperando no emborracharse con el estómago vacío

b) Acepta una, agradecido por la merienda que tomó en casa

c) Acepta una y toma una adicional 'para un amigo'

4. Usted y otra persona están en la mesa de postres. Usted:

a) Continúa mirando en silencio los postres

b) Comienza una conversación

c) Sugiere que los dos realicen una prueba de sabor

6. Está solo en un evento. Usted:

a) ¿Espera a que alguien se acerque?

b) ¿Se une a una conversación cercana?

c) No sucedería, ¿por qué estaría solo?

7. Ve a alguien de pie a solas en un evento. Usted:

a) ¿Se compadece, pero se queda en el mismo sitio?

b) ¿Va hacia esa persona y se presenta?

c) Nada. Está demasiado ocupado para notar que alguien está de pie al margen

8. Hay un grupo de personas conversando y riendo. Usted:

a) ¿Se mantiene alejado?

b) ¿Camina cerca para unirse tranquilamente?

c) Felizmente, se une a la conversación o simplemente dice: "¡Parecen muy divertidos!"

9. El evento terminó y usted está camino a casa. ¿Qué hay en su bolsillo?

a) Una servilleta y un par de palillos de dientes

b) Algunas tarjetas de presentación

c) Muchas tarjetas de presentación

10. Es el día después del evento de redes de contacto. ¿Qué hace?

a) Nada, excepto sentirse agradecido de haber sobrevivido

b) Revisar las tarjetas de presentación, tomando notas y un plan de seguimiento

c) Agregar los nombres a sus contactos y establecer una fecha de almuerzo

Si respondió principalmente a la primera opción (a), entonces probablemente sea un Solitario. No se preocupe, existen muchas oportunidades para la transición a un Socializador.

Si respondió principalmente a la segunda opción (b), entonces probablemente es un Socializador. Si respondió algunas preguntas, continúe trabajando en ello. De lo contrario, se encuentra en un

gran lugar. Cuando se sienta seguro, puede llevar las cosas al siguiente nivel.

Si respondió principalmente a la tercera opción (c), entonces probablemente es un Experto. Eso puede ser algo bueno, pero asegúrese de no exagerar. Aún necesita una estrategia. Y recuerde que es más importante construir su red de contacto que ser el alma de la fiesta.

Red de Contacto para Introvertidos

Los eventos de redes de contacto son muy promocionados, pero existe una tendencia hacia la extroversión en este contexto.

Con eso en mente, presentamos algunos consejos, específicos para introvertidos:

- Recuerde que los libros y consejos están orientados a los extrovertidos.
- Redefina las redes para que sean adecuadas para usted.
- Encuentre a alguien con quien pueda conectarse.
- Mientras observa el sitio, pregúntese, "¿dónde puedo tener una buena conversación con alguien?"
- Busque espíritus afines.
- Una vez que haya conocido a esa persona, es correcto si desea detenerse ahí.
- Elimine la presión de actuar o trabajar como extrovertido.

Tenga en cuenta estos consejos mientras lee el resto de este capítulo.

Lo más importante, recuerde que tiene permiso para redefinir la interacción para que funcione para usted. ¡No existe una sola manera correcta de hacerlo!

Dominando las Conversaciones Cortas

¿Alguna vez alguien ha dominado las conversaciones cortas? Tal vez sí. Tal vez no. No obstante, ofrecemos algunas sugerencias:

- Recuerde que las bromas a las que llamamos charlas son en realidad de relleno hasta que pueda encontrar algo interesante de lo que hablar.
- Si alguien le hace una pregunta cerrada, finja que le hizo una pregunta abierta y responda. Por ejemplo, si le preguntan: "¿Le agradó el orador de esta mañana?", responda compartiendo un comentario sobre algo particular que el orador mencionó y que le agradó.
- Responda una pregunta más interesante que la que le hicieron. Por ejemplo, si le preguntan qué planea hacer el próximo fin de semana, responda compartiendo una historia sobre las increíbles vacaciones que ha planeado para el próximo mes. O, si le preguntan si considera que el viento se elevará, responda en su lugar contando lo que sucedió en su casa durante el vendaval de la semana pasada.
- Al contar una anécdota, realice una pausa para crear espacios donde otros puedan entrar. O cree una iniciativa diciendo: "¿A alguien más le ha sucedido algo similar?"
- Tenga en mente una mini encuesta y solicite su opinión a cada persona. Simplemente diga: "Oh, les pregunto a todos cuál es su café favorito. ¿Me puede decir cuál es el suyo y por qué?"
- No olvide asentir con la cabeza. Como se presentó anteriormente, un "triple asentimiento" cuando alguien deja de hablar actúa como una señal de que está esperando que continúe.
- No se preocupe– ¡tenga listas sus Iniciativas Mágicas de Conversación para comenzar y nunca más se quedará atrapado en una pequeña charla!

La Transformación de Solitario a Socializador

A continuación, mostramos algunas pautas para ayudarle a transformarse de solitario a socializador:

- Planifique llegar temprano para conocer la disposición del lugar.
- Establezca una meta de cuántas personas desea conocer.
- Inicie conversaciones en lugar de esperar a ser abordado.
- Diga su nombre con confianza.

- Prepare su discurso de ascensor (quién es y a qué se dedica, en 15 segundos).
- Seleccione su iniciativa de conversación.
- Comparta su información de contacto.
- Deje una mano libre para saludar (no se sobrecargue con una bebida, un plato de aperitivos y una servilleta).
- Coma un refrigerio antes de marcharse.
- Limítese a una bebida, o solo beba soda.

A medida que desarrolle sus habilidades, mostramos 5 consejos adicionales para "los valientes":

- Preséntese ante alguien que esté a solas.
- Salga del perímetro de la habitación.
- Únase a un grupo de personas que ya están conversando (inténtelo; si no logra adaptarse, simplemente siga adelante).
- Preséntese a alguien que siempre quiso conocer (orador invitado, líder de la industria).
- Si ve a alguien que ha conocido anteriormente, pero no puede recordar su nombre, acérquese y vuelva a presentarse.

Algunos consejos adicionales:

- Enfóquese a los eventos donde exista un foco de atención, como un orador, y evite los eventos que son estrictamente de redes de contacto (a menos que tenga una pequeña empresa y esté buscando clientes potenciales, es poco probable que tenga conversaciones profundas).

- Si se siente cómodo, vista algo que invariablemente brinde cumplidos o inicie conversaciones. Esto facilita que las personas se acerquen a usted.

- Piense en cómo puede ayudar a otros a interactuar. Por ejemplo, si conoce a alguien que se está embarcando en la autoedición de su primer libro, y conoce a alguien que acaba de hacerlo, ofrezca conectarlo. ¡Esta es la creación de redes!

Aunque necesitará practicar, es de esperar que ahora pueda imaginar algunas de las cosas que puede hacer para comenzar a establecer contactos con mayor facilidad.

Sin embargo, para aprovechar al máximo las redes de contacto, necesita una estrategia más amplia.

Estrategia de Interacción de 3 Pasos

Sin importar a qué tipo de evento asistirá, utilice esta estrategia de tres pasos para aprovechar al máximo cada oportunidad.

1. Tener un objetivo

Prepare una pregunta que desea que se responda o algo que desea aprender puede marcar la diferencia entre pasar el tiempo al azar y un resultado satisfactorio.

2. Decidirse

Planifique iniciar al menos una conversación o tenga preparada una excelente pregunta para iniciar una conversación si alguien se acerca.

3. Actuar con intención

Asistirá al evento de red de contacto para conocer gente, pero a menos que actúe con intención, podría descubrir que realmente no ha conocido a nadie en absoluto.

Utilice todo lo que ha aprendido para crear su propia estrategia de interacción de 3 pasos para los eventos a los que asiste. Revísela nuevamente y ajústela para la próxima vez.

Quién sabe, ¡tal vez la gente se referirá a usted como un excelente relacionador en el futuro!

Al finalizar este capítulo, mostramos algunas sugerencias útiles a tener en cuenta:

- No existe una manera correcta de interactuar.

- Redefina las redes de contacto para que sean adecuadas para usted.
- Evite los eventos que son estrictamente para redes de contacto – busque eventos con actividades o un discurso que formen también parte de la agenda.
- No intente ser extrovertido.

¿Qué opina? ¿Se imagina sentirse más cómodo en eventos de redes de contacto aplicando estas habilidades? ¿Está dispuesto a intentarlo? Quizás haya asistido a un evento de redes de contacto desde el comienzo de este capítulo: ¿Cómo fue, qué hizo diferente, cómo respondieron otras personas? ¿Cuáles son sus objetivos para su próximo evento?

Casos de Estudio

- Ahora que Rebecca se sentía más cómoda compartiendo sus ideas en el trabajo, tenía un poco más de interés y menos ansiedad al asistir a eventos de redes de contacto. Al considerar su necesidad de tiempo a solas para renovarse, descubrió que incluso si llegaba tarde, se encontraba en mejor condición que si se apresuraba justo después del trabajo.
- Larry tuvo un gran impulso de confianza respecto a sus habilidades de interacción. Preparado con su "historia en pocas palabras", un conjunto confiable de preguntas abiertas que usar al conocer gente nueva, y algunas preguntas clave para que las personas que conociera continuaran hablando, se encontró entusiasmado en los eventos.
- Chris sentía que ahora podía sobrellevar una sesión de red de contacto al no quedarse callada cuando alguien se acercaba para charlar con ella.
- Kelly tenía buenas habilidades para establecer contactos e intentó diversos consejos, ya que deseaba superarse a sí mismo. Descubrió que tener un plan y actuar con intención brindaba resultados favorables.

La Guía de Supervivencia para Introvertidos sobre Conversaciones Cortas

Si bien es posible que no le agraden las pequeñas conversaciones, puede sobrellevarlas e incluso disfrutarlas.

Aquí hay algunas cosas que se deben tener en cuenta:

Sí

Permítase ser interrumpido.

Cree oportunidades para que otros puedan participar.

Brinde respuestas interesantes a preguntas simples.

Prepare una mini encuesta que pueda usar.

No

NO conteste una pregunta simple con una respuesta simple.

NO permanezca de pie.

NO se pierda en su teléfono.

NO duerma.

3 Claves para Recordar

CLAVE 1: Pretenda que le hicieron una pregunta interesante y responda.

CLAVE 2: Tenga listas sus preguntas para iniciar conversaciones.

CLAVE 3: Las bromas le mantienen ocupado hasta encontrar un tema más interesante.

La Guía para Introvertidos sobre 7 Diferentes Tipos de Oportunidades de Interacción

Como existen tipos diferentes de oportunidades de trabajo en red y requieren diferentes estrategias, las siguientes son Guías para Introvertidos a siete tipos comunes:

- Eventos de Redes de Contacto
- Presentaciones tipo Conferencia
- Talleres y Cursos
- Almuerzos
- Cenas
- Conferencias
- Ferias Comerciales

La Guía de Interacción para Introvertidos en Eventos de Redes de Contacto

¿Sabía que algunos eventos están diseñados únicamente como eventos de redes de contacto? Si aún no ha encontrado uno, es posible que lo haga en el futuro. La desventaja es que no necesariamente hay un orador o una actividad, pero la ventaja es que todos tienen el mismo objetivo que usted: conocer a tantas personas como sea posible. Como otros también están interesados en construir sus redes personales, se considerarán sus intentos de practicar sus habilidades de interacción.

Aquí hay algunas cosas que se deben tener en cuenta:

Sí

Consiga diversas tarjetas de presentación.

Prepare su discurso de ascensor de 3 segundos.

Vístase cómodamente.

Use ropa que le haga sentir seguro.

No

NO permanezca en la mesa de postres.

NO interactúe solo con personas que conoce.

NO olvide pedir tarjetas de presentación a los demás.

3 Claves para Recordar

CLAVE 1: Muestre confianza.

CLAVE 2: Intercambie información de contacto.

CLAVE 3: Vuelva a contactar con al menos una persona después del evento.

Recuerde emplear la estrategia de redes de 3 pasos: 1. Tenga un objetivo, 2. Decídase y 3. Actúe con intención.

La Guía de Interacción para Introvertidos en Presentaciones tipo Conferencia

Las presentaciones estilo conferencia generalmente tienen lo que se conoce como asientos de teatro, con filas de sillas, todas orientadas hacia adelante, tal vez con un pasillo o dos. Este formato es común en las conferencias.

Aquí hay algunas cosas que se deben tener en cuenta:

Sí

Llegue lo suficientemente temprano para que pueda obtener su asiento preferido, especialmente si necesita sentarse en un lugar determinado para ver o escuchar.

Elija un asiento de pasillo si es propenso a tener que salir o si desea una estrategia de salida.

Deje su chaqueta o un libro en su silla, luego camine por el recinto para interactuar.

Salude a un par de personas y comience una conversación.

Preséntese con las personas que se sienten a su lado.

Piense en una pregunta que desea que le contesten.

No

NO permanezca sentado en su asiento.

NO espere mirando su teléfono.

NO intente sostener una taza de café, un pedazo de pastel, su iPad y un bloc de notas en sus manos a menos que quiera comenzar una conversación con la persona sobre la que derrama café.

NO tenga miedo de hacer una pregunta.

3 Claves para Recordar

CLAVE 1: Llegue temprano.

CLAVE 2: Preséntese a sus compañeros de al lado.

CLAVE 3: Piense en una pregunta que quiere que le contesten.

Recuerde emplear la estrategia de redes de 3 pasos: 1. Tener un objetivo, 2. Decidirse y 3. Actuar con intención.

La Guía de Interacción para Introvertidos en Talleres y Cursos

Lo más probable es que haya tomado muchos cursos en su vida, y es probable que tome muchos más. Ya sea como eventos independientes o como parte de conferencias, los talleres y cursos son una gran oportunidad para establecer contactos.

Los dos arreglos de asientos más comunes son mesas redondas o filas de mesas con sillas. Independientemente del formato, desea estar sentado tanto para el aprendizaje como para la creación de redes de contacto.

Aquí hay algunas cosas que se deben tener en cuenta:

Sí

Llegue temprano.

Preséntese al instructor o al líder del taller (incluso si se siente un poco incómodo al hacerlo, es probable que se sienta más relajado una vez que haya hecho esta conexión personal).

Seleccione un asiento en el que se sienta físicamente cómodo.

Relájese y preséntese a los otros recién llegados.

Prepare una o dos preguntas en mente para el día.

No

NO se siente con sus colegas si no asiste solo.

NO encuentre excusas para no participar en las actividades.

NO se esconda detrás de su teléfono.

3 Claves para Recordar

CLAVE 1: Prepare objetivos de aprendizaje.

CLAVE 2: Conserve su mente abierta a diferentes perspectivas.

CLAVE 3: Participe activamente.

Recuerde emplear la estrategia de redes de 3 pasos: 1. Tener un objetivo, 2. Decidirse y 3. Actuar con intención.

La Guía de Interacción para Introvertidos en Almuerzos

¿Se encuentra asistiendo a reuniones de almuerzo, escuchando sesiones de oradores durante el almuerzo o participando en almuerzos sociales? Con solo unas pocas estrategias, puede encontrarse disfrutando de conversaciones exitosas en los almuerzos sin ceder ante la ansiedad.

Aquí hay algunas cosas que se deben tener en cuenta:

Sí

Llegue temprano para obtener un asiento que le permita ver al orador sin necesidad de girar la silla o tensar el cuello.

Pregunte si puede unirse a una mesa con solo un par de personas.

Invite a las personas a unirse a su mesa.

Tenga a la mano un lápiz y papel de repuesto que pueda compartir.

Tenga una pregunta en mente que desea que le respondan.

No

NO tenga miedo de comenzar una nueva mesa si hay asientos disponibles y muchas mesas.

NO se conforme si la persona que está a su lado no habla; recurra a la persona del otro lado o incluso al otro lado de la mesa y comience una conversación.

NO se siente a la mesa mirando su teléfono.

NO coma sopa a menos que sea particularmente hábil para no derramarla.

3 Claves para Recordar

CLAVE 1: Sentarse cómodamente.

CLAVE 2: Planee conocer a sus compañeros de mesa.

CLAVE 3: Tenga una pregunta que desea que se responda.

Recuerde emplear la estrategia de redes de 3 pasos: 1. Tener un objetivo, 2. Decidirse y 3. Actuar con intención.

La Guía de Interacción para Introvertidos en Cenas

Si bien existen similitudes entre los almuerzos y cenas, en términos de interacción existen algunas diferencias importantes. Las cenas, banquetes y otros asuntos de reunión tienden a ser más elaborados. Con una duración más larga y más formal, pasará más tiempo con las personas con las que está sentado.

Aquí hay algunas cosas que se deben tener en cuenta:

Sí

Llegue temprano.

Inicie una nueva tabla en una función sentada con muchas tablas.

Piense en una pregunta que quiera que le contesten, una persona que quiera conocer o una meta personal para la noche.

Lleve tarjetas de presentación y compártalas.

Busque caras amigables y pregunte si puede unirse a su mesa.

No

NO use ropa con mangas caídas.

NO intente unirse a una mesa con solo uno o dos asientos restantes, ya que podría escuchar que el lugar se está reservando.

NO consuma alimentos que no haya probado antes a menos que tenga un paladar variado y le guste la mayoría.

NO se queje de la comida; si algo no es de su agrado, simplemente déjelo a un lado.

NO intente alcanzar nada; pida que le pasen la crema / mantequilla / sal y pimienta.

NO beba demasiado.

3 Claves para Recordar

CLAVE 1: Seleccione un excelente asiento.

CLAVE 2: Sea flexible.

CLAVE 3: No beba demasiado.

Recuerde emplear la estrategia de redes de 3 pasos: 1. Tener un objetivo, 2. Decidirse y 3. Actuar con intención.

La Guía de Interacción para Introvertidos en Conferencias

Las conferencias ofrecen excelentes oportunidades para establecer contactos. Además de conferencias, talleres, almuerzos y cenas, se encontrará con otros representantes durante el registro, entre eventos, en reuniones y otras actividades. Es importante prepararse para el éxito para aprovechar al máximo su tiempo en la conferencia.

Además de los objetivos de aprendizaje (las sesiones a las que asistirá) y los objetivos de cuidado personal (refrigerios saludables y caminatas), establezca objetivos de interacción para usted. Un plan le ayudará a aprovechar las mejores oportunidades de interacción, evitar el desperdicio de tiempo que podría hacer que tenga menos tiempo para conversar y escapar de los momentos de ansiedad.

Nota: Consulte la próxima Guía para Introvertidos para obtener sugerencias específicas para ferias comerciales.

Aquí hay algunas cosas que se deben tener en cuenta:

Sí

Establezca metas para la conferencia.

Tenga una pregunta planeada que pueda hacer a otras personas que conozca.

Prepare una idea general de la conferencia, planifique a qué quiere asistir y con quién quiere reunirse.

Prepare un plan contra la ansiedad.

Considere derrochar un poco y conseguir una habitación de hotel en el lugar o al otro lado de la calle (útil para un pequeño descanso; también es útil para esquivar las colas de los baños).

No

NO asista a las mismas sesiones si va con un colega.

NO tenga miedo de levantarse y salir de una sesión si no es de su interés (pasar a otra sesión o tomar un descanso y volver renovado).

NO pase su tiempo entre sesiones con su teléfono.

3 Claves para Recordar

CLAVE 1: Prepare un plan.

CLAVE 2: Sea abierto y de mente abierta.

CLAVE 3: Cuide su comodidad.

Recuerde emplear la estrategia de redes de 3 pasos: 1. Tener un objetivo, 2. Decidirse y 3. Actuar con intención.

La Guía de Interacción para Introvertidos en Ferias Comerciales

Las ferias comerciales, que cuentan con vendedores con stands que visitan los participantes, son una característica común de las conferencias o pueden ser eventos independientes. Las ferias comerciales son informativas, sin embargo, las más extensas pueden ser desalentadoras, con cientos de stands, horas de caminar sobre pisos de hormigón y mucho botín de recolección y participar en concursos. Uno puede dejar una exposición comercial exhausto y apenas recordando a quién conoció. Por esta razón, es una buena idea tener un plan.

Aquí hay algunas cosas que se deben tener en cuenta:

Sí

Lleve consigo muchas tarjetas de presentación.

Estudie el mapa de la feria comercial y seleccione algunos stands que realmente quiera visitar.

Comience una conversación en los stands de mayor interés para usted.

Entable una conversación con otros asistentes.

Establezca una meta, como contactar con una persona después del evento.

No

NO intente verlo todo.

NO camine sin rumbo.

NO se deje atrapar por los trucos de ganar una baratija, sello o entrada al concurso en cada stand.

NO espere pasar horas sin un pequeño descanso.

3 Claves para Recordar

CLAVE 1: Use zapatos cómodos.

CLAVE 2: Tenga un plan de 3 pasos.

CLAVE 3: Hágalo a su manera.

Recuerde emplear la estrategia de redes de 3 pasos: 1. Tener un objetivo, 2. Decidirse y 3. Actuar con intención.

Capítulo 13: Situaciones Especiales

Puede encontrar una o más de estas situaciones especiales únicas:

- Entrevistas
- Reuniones de Negocios
- Comunicaciones de Oficina
- Fiestas Corporativas
- Voluntariados

Si lo hace, encontrará una Guía para Introvertidos para cada una de estas situaciones al final de este capítulo.

¿Qué opina? ¿Conoce situaciones especiales que no estén incluidas en esta lista? Si es así, piense en los principios de este libro, realice una lluvia de ideas y cree su propia Guía para Introvertidos para dichas situaciones.

Casos de Estudio

- Rebecca nunca se había sentido cómoda en las fiestas de la oficina, pero preparada con los nuevos consejos, pudo disfrutar una reunión social del trabajo.
- Estos consejos ayudaron a Larry tanto en sus reuniones de negocios como familiares.

- Chris se volvió más eficiente en los grupos de voluntariado en los que participa.
- Kelly obtuvo grandes perspectivas en términos de fiestas corporativas, donde nunca había pensado realmente cuánto beber o cómo sus acciones afectarían su reputación.

La Guía para Introvertidos sobre 5 Situaciones Especiales

Como cada tipo de situación especial requiere diferentes estrategias, las siguientes son guías para estas cinco situaciones especiales:

- Entrevistas
- Reuniones de Negocios
- Comunicaciones de Oficina
- Fiestas Corporativas
- Voluntariados

La Guía de Supervivencia para Introvertidos sobre Entrevistas

Las entrevistas son una situación única. Cuando solicita un trabajo o contrato, su prioridad es dar lo mejor de sí y avanzar al siguiente paso en el proceso de contratación.

Aquí hay algunas cosas que se deben tener en cuenta:

Sí

Llegue a tiempo.

Vístase profesionalmente con ropa que lo haga sentir seguro.

Lleve una copia de repuesto de su currículum.

Use sus habilidades de escucha activa.

Realice preguntas abiertas.

Tenga un bloc de notas y un bolígrafo listos.

Llame al entrevistador por su nombre.

Sonría.

No

NO llegue tarde.

NO trate a la recepcionista irrespetuosamente.

NO hable desesperadamente sobre sus antiguos empleadores.

NO interrumpa al entrevistador.

NO dude de sí mismo.

3 Claves para Recordar

CLAVE 1: Sea seguro de sí mismo.

CLAVE 2: Esté preparado.

CLAVE 3: Sea Profesional.

La Guía de Supervivencia para Introvertidos sobre Reuniones de Negocios

Las reuniones de negocios no son tan diferentes de algunos de los eventos de redes de contacto incluidos en el capítulo anterior, excepto que el enfoque está en el negocio, en lugar de las redes de contacto. Dicho esto, todavía existen oportunidades para establecer contactos.

Aquí hay algunas cosas que se deben tener en cuenta:

Sí

Llegue a tiempo.

Lleve tarjetas de presentación.

Preséntese con todos en la reunión a quienes no haya conocido antes.

Preséntese a otros que pueden no haberse conocido antes.

Use sus habilidades de escucha activa.

Realice preguntas abiertas.

Cree oportunidades para que los introvertidos contribuyan a la discusión.

No

NO se vuelva invisible.

NO se burle.

NO hable desesperadamente sobre su empresa o la competencia.

NO confunda la reunión de negocios con un entorno personal; conserve una postura profesional.

NO realice preguntas cerradas o principales.

3 Claves para Recordar

CLAVE 1: Sea profesional.

CLAVE 2: Use preguntas abiertas.

CLAVE 3: Conozca a alguien nuevo.

La Guía de Supervivencia para Introvertidos sobre Comunicaciones de Oficina

Si trabaja en una oficina, las comunicaciones con sus compañeros de trabajo son parte de su vida cotidiana. Ya sea que trabaje a solas o interactúe extensamente con otras personas durante todo el día, existen situaciones de comunicación comunes que enfrentará.

Aquí hay algunas cosas que se deben tener en cuenta:

Sí

Esté presente

Aporte sus ideas.

Participe.

Use sus habilidades de escucha activa.

Realice preguntas abiertas.

Preste atención a su lenguaje corporal.

No

NO hable mal de su empleador.

NO olvide dejar tiempo para renovarse.

NO realice preguntas sugestivas o cerradas.

3 Claves para Recordar

CLAVE 1: Encuentre formas de contribuir con sus ideas.

CLAVE 2: Considere sus necesidades como introvertido.

CLAVE 3: Esfuércese, cuando esté listo.

La Guía para Introvertidos sobre Fiestas Corporativas

¿Fiesta corporativa? Claro, asista. Pero no permita que arruine su carrera.

Aquí hay algunas cosas que se deben tener en cuenta:

Sí

Planifique a quién quiere conocer.

Piense en el mejor momento para llegar.

Vístase cómodo y con confianza.

Seleccione algunas iniciativas de conversación.

Sea un invitado amable.

No

NO beba demasiado.

NO se comporte de manera inapropiada.

NO se ponga en una situación en la que se sienta incómodo.

NO se quede si no lo está pasando bien.

3 Claves para Recordar

CLAVE 1: Limite el alcohol.

CLAVE 2: Manténgase bajo el radar.

CLAVE 3: Encuentre a alguien interesante con quien hablar.

La Guía de Supervivencia para Introvertidos sobre Voluntariados

El voluntariado es una excelente manera de practicar y mejorar sus habilidades de comunicación. Además, conocerá a personas interesantes mientras marca la diferencia en su comunidad.

Aquí hay algunas cosas que se deben tener en cuenta:

Sí

Establezca metas.

Sea voluntario en eventos cortos si desea conocer a mucha gente.

Sea voluntario en un comité si desea construir relaciones.

Respete lo que necesita como introvertido.

Practique sus habilidades de comunicación.

No

NO acepte más de lo que pueda manejar.

3 Claves para Recordar

CLAVE 1: Esté abierto a conocer gente nueva.

CLAVE 2: Elija sus proyectos con intención.

CLAVE 3: Realice un seguimiento de las personas que conoce.

Capítulo 14: Emergencias

Charles nunca estuvo tan contento de volver a su auto. Había salido del almuerzo de la asociación tan rápido como pudo. No sabía lo que pasó. Nunca fue bueno en estas cosas, pero había superado su antigua ansiedad hace mucho tiempo. Hasta hoy. Se acercó a dos personas que estaban conversando, saludó y luego se quedó ahí. Uno nunca se dio cuenta de que estaba allí. El otro lo miró sorprendido, parecía confundido y volvió a la conversación anterior. Luego se dio cuenta de que estaban involucrados en una conversación personal muy seria, pero de alguna manera había perdido las señales. Él solo se quedó inmóvil, sintiéndose humillado. Se retiró fingiendo que algo llamó su atención y se alejó. Después de revisar una mesa de volantes durante lo que pareció una eternidad, miró su muñeca sin vigilancia, fingió sorpresa en ese momento y se fue corriendo. Ahora, sentado en su auto, se sentía enfermo. Se había perdido el almuerzo, y además de su noche de insomnio, las malas noticias recientes y los plazos de entrega forzosos en el trabajo, era demasiado. Sintió que todo su arduo trabajo en sus habilidades de interacción no había servido de nada.

La cabeza de Angie estaba girando. Estaba sentada en su escritorio, tratando de asimilar la conversación que acababa de tener con su jefe. Ella le había estado insistiendo para que le permitiera hacer una presentación sobre su proyecto al ejecutivo, luego hoy, justo así, había un espacio vacío en la agenda de mañana por la mañana en la conferencia de gestión trimestral, y le gustaría tomar esos 15 minutos para hacerlo. Mientras estaba sentada allí, balbuceando, su jefe dijo: "Tomaré eso como un sí. ¡Adelante! Es lo que querías, ¡así que ahora es mejor que estés lista!". Ella había imaginado felizmente que recibiría un aviso de una semana más o menos antes de tener que presentar, si alguna vez sucedía, y aquí estaba su oportunidad. Por supuesto, había tenido la presentación lista durante semanas, ¿pero mentalmente? De repente estaba ahí, y no podía imaginar estar lista por la mañana. Sintió pánico y cerró los ojos. Y todo lo que podía ver eran 200 ojos que la miraban.

¿Cuál es la emergencia de habilidades de conversación para un introvertido?

Buena pregunta.

Y es aquella que puede responder por sí mismo.

En términos generales, es cualquier cosa que pueda sacarle de su zona de confort.

Momentos como los que Charles y Angie estaban teniendo definitivamente sirven.

Usemos estas dificultades como un objetivo para saber qué hacer si tiene una "emergencia".

El Error de Interacción - Ejercicio

¿Por qué cree que Charles estaba tan molesto?

¿Qué causó que Charles cometiera su error?

¿Por qué cree que Charles se alejó de su zona de confort cuando le había ido tan bien en la interacción?

¿Qué consejo le ofrecería a Charles en este momento?

¿Qué consejo le daría a Charles dentro de una semana, cuando haya tenido un poco más de tiempo para reflexionar?

La Inminente Presentación - Ejercicio

¿Por qué cree que Angie está tan aterrada?

¿Qué preguntas le haría a Angie si tuviera la oportunidad?

¿Qué consejo le ofrecería a Angie en este momento?

¿Qué consejo le ofrecería a Angie dentro de una semana, después de que ella haya hecho su presentación y haya tenido tiempo de reflexionar?

Manejo de Emergencias – Las 5 R's

No existe una fórmula sobre cómo manejar lo que se siente como una emergencia para usted.

En el gran esquema de las cosas, nadie murió, y sobrevivirá, pero más allá de eso, ¿cómo supera esos momentos?

Aquí algunas estrategias para guiarle:

Retirarse

Si aún no lo ha hecho, y siente la necesidad de hacerlo, está bien retirarse, alejarse un poco de la situación y de otras personas. Tómese un descanso, realice algunas respiraciones profundas, beba un vaso de agua, escriba algunas notas, haga lo que sea necesario para calmarse.

Recabar

Póngase en contacto con un amigo, compañero de trabajo o compañero de red para obtener un consejo. Alternativamente, saque su diario y escriba lo que sucedió y vea si puede obtener una perspectiva.

Reflexionar

Reflexione sobre lo que sucedió, o aún está sucediendo, desde una perspectiva más amplia. ¿Qué ha aprendido? ¿Qué podría haber hecho diferente? ¿Qué oportunidades de aprendizaje y crecimiento tiene?

Renovarse

En la mayoría de los casos, alejarse de la situación y dormir bien por la noche puede hacer maravillas.

Recuperarse

Una vez que se haya calmado y tenga una idea clara de lo que está sucediendo, haga una lluvia de ideas sobre un plan para volver a su juego. Esto podría incluir el cuidado personal, como hacer algo de ejercicio o prepararse para reescribir su propuesta.

Recuerde las 5R's para Emergencias: Retirarse → Recabar → Reflexionar → Renovarse → Recuperarse

Ahora, volvamos a Charles y Angie.

El Error de Interacción - Posibilidades

¿Por qué cree que Charles estaba tan molesto?

> • Charles está en crisis. Estaba agotado, cometió un error, no pudo responder tan hábilmente como de costumbre y se quedó sin palabras. Se sintió humillado, a pesar de que la situación puede no haber sido tan mala como se la había imaginado. Ahora, con su ego derrotado y todavía avergonzado, su confianza en sí mismo se esfumó.

¿Qué originó el error de Charles?

> • Charles asistió a un evento cuando no estaba en su mejor momento (falta de sueño, malas noticias, estrés laboral), por lo que ya estaba vulnerable. Esto le hizo perder pistas no verbales cuando se involucró en una conversación privada.

¿Por qué cree que Charles se vio tan alejado de su zona de confort cuando le había ido tan bien en la interacción?

- En diferentes circunstancias, Charles se había disculpado, olvidado del tema y seguido adelante. Pero, como no estaba bien, permitió que la persona lo alejara completamente de su zona de confort.

¿Qué consejo le ofrecería a Charles en este momento?

- Tomarse un descanso, no preocuparse por ello, descansar un poco y tratar sus asuntos personales.

¿Qué consejo le daría a Charles dentro de una semana, cuando haya tenido un poco más de tiempo para reflexionar?

- Preguntar lo que ha aprendido, confirmar que fue un accidente, y que no ha perdido sus habilidades de interacción. Por el contrario, ha sobrellevado su error y ahora está del otro lado. Sugerir que planee asistir pronto a otro evento, pero que se sienta totalmente seguro y descanse bien antes de llegar.

La Inminente Presentación - Posibilidades

¿Por qué cree que Angie está tan aterrada?

- Angie consideraba que tendría tiempo suficiente para preparar su presentación y se sorprendió. Estaba experimentando una combinación de emoción y nerviosismo en la medida en que, momentáneamente, la ha detenido en seco.

¿Qué preguntas le haría a Angie si tuviera la oportunidad?

- ¿Está lista su presentación? (Sí). ¿Qué es lo peor que puede pasar? (Ella podría tropezar con algunas palabras). ¿Es esta una audiencia amigable? (Sí, ella los conoce bien).

¿Qué consejo le ofrecería a Angie en este momento?

- Respirar. Levantarse y moverse para cambiar su energía. Expresar su nerviosismo si es necesario, luego poner manos a la obra. Puede lograrlo. Servirse un poco de té e imaginar su presentación con esa audiencia en particular. Mañana, hacer que las mariposas vuelen en formación. Recordar encontrar algunas caras sonrientes y hablarles directamente.

¿Qué consejo le ofrecería a Angie dentro de una semana, después de que haya realizado su presentación?

> • Preguntar lo que aprendió de esa experiencia y qué haría distinto la próxima vez. Probablemente no necesita consejos, ya que sus respuestas están dentro.

Al finalizar este capítulo, ofrecemos algunas sugerencias útiles a tener en cuenta:

> • Si se encuentra en crisis, haga lo que sea necesario para cuidarse en el momento.
> • Respire.
> • Recuerde, este es un momento en el tiempo. Lo superará.
> • Tome algunas notas que pueda guardar en su billetera para leer en momentos de crisis (de ser necesario, escondido en el sanitario).
> • Consulte el capítulo 3, titulado Ansiedad Social, para obtener consejos adicionales.
> • Preste atención especial al capítulo 16, titulado Cuidado Personal para Introvertidos.

¿Qué opina? ¿Alguna vez ha experimentado una "emergencia" como las descritas en este capítulo? ¿Ahora tiene herramientas para ayudarle a sobrellevar una situación así?

Casos de Estudio

> • Aunque Rebecca estaba creciendo a grandes pasos en términos de compartir sus ideas, hubo un par de puntos en los que se sintió totalmente abrumada por no ser escuchada. ¡Ya no podía sentarse tranquilamente al margen! Cada vez, aprendía más a tomarse un tiempo para sí misma.
> • Larry cometió un error bastante desafortunado en una reunión de redes de contacto, justo cuando su confianza estaba creciendo, pero no permitió que eso lo desanimara. Aunque avergonzado, hizo un

balance y descubrió lo que debía hacer para arreglar las cosas. Una llamada telefónica y una disculpa marcaron la diferencia.

• El mayor éxito de Chris provino de su nueva habilidad para sobrellevar los ataques de pánico antes de que comenzaran.

• La emergencia de Kelly se produjo cuando se le pidió que hiciera una presentación de la conferencia en poco tiempo. Para asegurarse de que su mensaje fuera entendido, pensó en los diferentes tipos de personas de la audiencia, y estructuró sus palabras y folletos para que fueran adecuados para todos.

La Guía de Supervivencia para Introvertidos sobre Triunfar Durante Emergencias Sociales

Todos tenemos desafíos en la vida, y tropiezos en el camino de donde sea que nos dirigimos. Cuando las cosas van mal, simplemente DETÉNGASE, tómese un tiempo y cuídese antes de continuar.

Aquí hay algunos qué hacer y qué no debe hacer para tener en cuenta:

Sí

Confíe en que sobrevivirá.

Escuche su instinto.

Dígase a sí mismo que estará bien.

Aprecie lo lejos que ha llegado.

No

NO se culpe a sí mismo.

NO entre en pánico más de lo que ya está.

NO espere más de sí mismo en este momento.

NO se rinda.

3 Claves para Recordar

CLAVE 1: Retirarse ➔ Recabar ➔ Reflexionar ➔ Renovarse ➔ Recuperarse.

CLAVE 2: Respirar.

CLAVE 3: Celebrar sus victorias.

Capítulo 15: Comunicación Escrita

"Muchos introvertidos ven naturalmente el mundo en términos de historia y símbolos. Y cuando utilizamos la escritura como herramienta, podemos conectar los puntos y diseñar los patrones que vemos para los demás".

Lauren Sapala

Como introvertido, escribir es probablemente bastante natural para usted. Al perfeccionar intencionalmente sus habilidades de escritura y aplicarlas a situaciones en las que conecta los puntos para otros, contribuirá aún más al mundo que lo rodea.

Si bien nuestro enfoque en este libro se ha centrado en las habilidades de conversación, las comunicaciones escritas son una parte importante de la interacción con los demás.

Dependiendo de su trabajo, estudios e intereses, es posible que tenga muchas comunicaciones escritas en su vida o tal vez solo necesite administrar su correo electrónico.

De cualquier manera, algunos fundamentos de la comunicación escrita merecen su atención.

Escribir para Contribuir

Algunas maneras en que puede utilizar la comunicación escrita para su provecho:

- Ofrezca resumir lo que se discutió en las reuniones.
- Ofrezca preparar la agenda para las reuniones a las que asista.
- Ofrezca redactar informes y presentaciones para su equipo.

Escribir para Contribuir - Ejercicio

Las sugerencias anteriores tienen el potencial de beneficiarle, y a otros introvertidos en nuestra organización, a los miembros de su equipo y a la compañía. ¿Puede averiguar cómo?

Al finalizar este capítulo, presentamos sugerencias útiles a tener en cuenta:

- Si desea mejorar sus habilidades de comunicación escrita, existen muchos recursos disponibles para ayudarle. Sin embargo, es probable que ya sea un experto.

¿Qué opina? ¿Cómo son sus habilidades de comunicación escrita? ¿Dejan mucho que desear o simplemente necesitan un poco de atención? Esta es una buena pregunta para hacer a otros, para que pueda obtener algunos comentarios.

Casos de Estudio

- La comunicación escrita ha sido una fortaleza para Rebecca. Descubrió que al aplicar los consejos de comunicación escrita a lo que ahora entendía sobre la adaptación al modelo, obtuvo mejores resultados en sus correos electrónicos.
- Larry comenzó a pensar más en su audiencia y en que la mayoría de las personas no eran tan analíticas como él, lo que le permitía escribir correos electrónicos e informes que eran menos complicados.
- Siempre articulado, Chris aprendió a escribir con tanta confianza como ahora habla.
- Kelly ya había descubierto la comunicación escrita.

La Guía de Supervivencia para Introvertidos sobre el Correo Electrónico

Usted tiene la ventaja cuando se trata de correo electrónico, ya que probablemente sea un buen escritor.

Aquí hay algunas cosas que se deben tener en cuenta:

Sí

Utilice viñetas.

Modele buenas habilidades de comunicación escrita.

Ofrezca resumir la reunión por correo electrónico.

Ofrezca enviar la agenda de la próxima reunión.

No

NO envíe un correo electrónico cuando esté enojado.

NO se esconda detrás del correo electrónico.

3 Claves para Recordar

CLAVE 1: Los correos electrónicos del equipo de redacción significan que tienen su sello.

CLAVE 2: Sea breve.

CLAVE 3: Utilice viñetas.

Capítulo 16: Cuidado Personal para Introvertidos

"La soledad es para mí una fuente de curación que hace que mi vida valga la pena".

C. G. Jung

Cuidado Personal – 4 Indispensables

En pocas palabras, como introvertido, necesita CUATRO COSAS para sobrevivir y prosperar:

> **1. Tiempo a solas diariamente.**
>
> **2. Privacidad.**
>
> **3. Espacios tranquilos.**
>
> **4. Tiempo para reflexionar.**

Es una lista bastante corta.

Estos son la base.

Elimine cualquiera de estos de su vida y encontrará su energía agotada. No se marchitará y morirá, pero es posible que lo desee.

Cómo hacer que esto suceda depende de usted, por supuesto.

Otras Posibilidades

Puede descubrir que existen otras cosas que puede hacer como parte de su plan de cuidado personal.

A continuación, presentamos algunas ideas:

- Aprender a decir NO.
- Tomar una caminata en el trabajo.
- Alejarse de la multitud en el almuerzo.
- Colocarse los auriculares, incluso si no tiene nada que escuchar.
- Sentarse a solas en su automóvil puede ser aburrido, pero está solo. Todavía cuenta.
- Encontrar un área tranquila en su lugar de trabajo donde pueda alejarse para pensar. Pida prestada una oficina vacía, reserve una sala de reuniones, siéntese en el comedor cuanto esté vacío. Sea creativo.
- Buscar lugares en su comunidad donde pueda estar "solo". Salir a tomar un café no es realmente un momento a solas, y no será tranquilo, pero si puede ubicarse en el espacio libre correcto, puede ser una muy buena alternativa.
- Pasar el rato en la biblioteca, incluso si no está ahí para elegir libros.

Su Plan de Cuidado Personal – Ejercicio

Sírvase una taza de té (o la bebida que prefiera) y comience una página nueva en su libreta.

Anote sus ideas y respuestas a las siguientes preguntas:

- ¿Paso suficiente tiempo a solas?
- ¿De qué maneras puedo crear más tiempo a solas en mi vida?
- ¿De quién necesito apoyo para lograr este objetivo?

- ¿Cuáles son algunas de las formas en que puedo pasar un poco de tiempo a solas durante el día, especialmente si tengo una necesidad urgente de hacerlo?
- ¿Qué más necesito incorporar a mi Plan de Cuidado Personal (piense en tiempo de silencio, tiempo para reflexionar, privacidad)?
- Siéntase libre de seguir a donde quiera que vaya su mente y su corazón. Es SU plan, ¡haga que funcione para usted!

Al concluir este capítulo, presentamos algunos consejos útiles para tener en cuenta:

- Aprenda a valorar lo que le motiva como introvertido y aproveche el tiempo para hacer lo necesario para cuidarse a sí mismo. Si eso significa que necesita media hora de silencio para restaurar su energía mientras sus compañeros de trabajo extrovertidos están el bar, está bien.
- Realice una búsqueda en internet sobre "Cuidado Personal para Introvertidos" – encontrará recursos excelentes.
- Siga algunas cuentas de Twitter, Instagram y Facebook con enfoque a introvertidos.
- Repase el capítulo 4, titulado Ansiedad Social, y recuerde hacer volar a sus mariposas en formación.

¿Qué opina? ¿Tiene instintos perfeccionados para cuidarse? ¿Considera lo que su ser introvertido necesita? ¿Alguna de las ideas de este capítulo es nueva para usted? Si es así, inténtelo. Conserve las que marquen la mayor diferencia.

Casos de Estudio

- Rebecca se consoló y reunió energía de su rutina diaria de tiempo a solas para renovar su energía.
- Larry utilizó sus nuevas habilidades para crear una red de apoyo personal más amplia para sí mismo.
- Chris se sintió aliviada al saber que las cosas que hacía de manera natural para cuidarse eran normales y perfectamente aceptables.

• Kelly aprendió a darles tiempo a sus amigos introvertidos para pensar y renovar su energía.

La Guía de Supervivencia para Introvertidos sobre Cuidado Personal

El cuidado personal que lo nutre como introvertido es esencial para su vida. No es un lujo.

Aquí hay algunas cosas que se deben tener en cuenta:

Sí

Haga que el tiempo a solas sea una prioridad.

Aprenda a decir NO.

Cree espacios tranquilos en su día y en su vida.

Conserve su privacidad.

Mencione si necesita tiempo para reflexionar sobre una pregunta.

Adapte su entorno de trabajo para que sea adecuado para usted.

No

NO deje el tiempo a solas en segundo plano.

NO se haga cargo de la necesidad de una empresa extrovertida con el tiempo.

NO se culpe si no desea estar con otras personas.

NO tolere un lugar de trabajo que no sea amigable para introvertidos.

3 Claves para Recordar

CLAVE 1: Tómese el tiempo necesario para estar solo.

CLAVE 2: Tómese el tiempo necesario para ordenar sus pensamientos.

CLAVE 3: ¡Tenga a mano su plan de cuidado personal!

Conclusión

Gracias por llegar al final de *Habilidades de Conversación: Secretos para Introvertidos para Analizar a las Personas, Dirigir Conversaciones con Confianza, Superar la Ansiedad Social y Consejos de Comunicación Altamente Efectivos para Establecer Contacto Interpersonal,* esperamos que haya sido tanto informativo como práctico.

Concluyamos con nuestros cuatro individuos de casos de estudio:

- Rebecca se siente escuchada y tiene más confianza para compartir sus ideas en el trabajo. También se siente menos ansiosa al encontrarse con desconocidos y disfruta las conversaciones con gente nueva. La ventaja secreta de Rebecca es el tiempo que planea a solas cada día para restaurar su energía.

- Larry ha logrado grandes avances en su objetivo de mejorar sus habilidades de interacción. Los resultados se están reflejando en su desempeño laboral, y él se siente más relajado. La ventaja secreta de Larry es la curiosidad genuina que ha desarrollado sobre las personas que conoce.

- Chris ha logrado su objetivo de sentirse menos estresada en el trabajo. Comparte activamente sus ideas, tiene una mejor relación con su jefe y no se asusta si asiste a un evento de negocios. La ventaja secreta de Chris es elegir a la persona con la que desea hablar, en lugar de esperar a que alguien se acerque.

• Kelly ha cumplido su objetivo de comprender lo que motiva a los introvertidos. También se ha convertido en un mejor oyente. La ventaja secreta de Kelly es tener un objetivo para cada interacción.

Esperamos que aprender junto a Rebecca, Larry, Chris y Kelly, le haya ayudado a aplicar las habilidades de este libro a su propia vida y a construir su confianza.

Su próximo paso es poner en práctica las habilidades pensando en sus comunicaciones, probando nuevos enfoques al conocer gente o compartiendo sus ideas, y aprendiendo tanto de sus tropiezos como de sus éxitos. ¡Buena suerte!

Finalmente, si este libro le pareció útil, ¡agradecemos que añada su opinión en Amazon!

Descubra más libros de Matt Holden